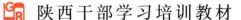陕西干部学习培训教材

基层社会治理体系和治理能力现代化

中共陕西省委组织部组织编写

西北大学出版社
·西安·

序　言

　　善于学习，就是善于进步。没有大学习，就难有大发展。当前，世界正经历百年未有之大变局，我国正处于实现中华民族伟大复兴的关键时期，我们面临的发展机遇和风险挑战前所未有。党的十九届五中全会确立了"十四五"经济社会发展主要目标和2035年远景目标，全面建设社会主义现代化国家新征程即将开启。省委十三届八次全会强调，要贯通落实"五项要求"、"五个扎实"，把握新发展阶段、贯彻新发展理念、构建新发展格局，推动高质量发展、创造高品质生活、实现高效能治理，奋力谱写陕西新时代追赶超越新篇章。应对重大挑战，抵御重大风险，推动经济社会高质量发展，把宏伟蓝图变为美好现实，要求各级干部必须更加崇尚学习，持续深化学习，大幅提升"八种本领"、"七种能力"，紧紧跟上时代前进步伐，更好适应事业发展需要。

　　这批培训教材深入贯彻习近平新时代中国特色社会主义思想和习近平总书记来陕考察重要讲话精神，紧扣高质量发展主题，坚持理论与实践相结合，突出指导性、针对性、操作性，对提高干部的专业能力具有较强的帮助促进作用。全省各级各类干部教育培训要注重用好这批教材，帮助广大党员干部更好提高知识化、专业化水平，增强履职尽责本领，在加快新时代追赶超越、推动高质量发展征程中作出更大贡献、书写精彩华章。

2021 年 1 月 7 日

目 录

■ "枫桥经验"是基层社会治理的典范

- 3 "枫桥经验"的产生和发展
- 12 新时代的"枫桥经验"
- 19 基层社会治理的制度供给
- 28 基层社会治理的标准化
- 37 美丽乡村建设推动城乡一体化发展

■ 完善城乡基层社会治理体系

- 47 发挥村规民约的作用
- 54 推动流动人口的社会融入
- 62 实施社区矫正　落实安置帮教
- 70 创新推广"网上枫桥经验"
- 78 创新推广"企业枫桥经验"
- 86 发挥人民法院在基层社会治理中的作用

提高基层社会矛盾纠纷多元化解能力

- 97 重视基层社会治理的能力建设
- 105 发挥人民调解制度的功能
- 114 发挥行业调解的作用
- 122 打造品牌人民调解室
- 130 注重沟通的在线调解
- 138 加强基层司法智慧建设

陕西省基层社会治理案例选

- 149 安康市汉阴县"321"基层社会治理模式
- 158 铜川市王益区城市社区治理的"红旗模式"
- 167 延安市宝塔区"十个没有"社会治理创新发展理念
- 175 延安市富县创新诉调对接的"富县模式"

"枫桥经验"是基层社会治理的典范

"50年前,浙江枫桥干部群众创造了'依靠群众就地化解矛盾'的'枫桥经验',并根据形势变化不断赋予其新的内涵,成为全国政法综治战线的一面旗帜。浙江省各级党委和政府高度重视学习推广'枫桥经验',紧紧扭住做好群众工作这条主线,为经济社会发展提供了重要保障。各级党委和政府要充分认识'枫桥经验'的重大意义,发扬优良作风,适应时代要求,创新群众工作方法,善于运用法治思维和法治方式解决涉及群众切身利益的矛盾和问题,把'枫桥经验'坚持好、发展好,把党的群众路线坚持好、贯彻好。"

——2013年10月9日,习近平同志在纪念毛泽东批示"枫桥经验"50周年大会上作出重要指示

"枫桥经验"的产生和发展

"枫桥经验"产生于1963年社会主义教育运动时期,至今已有近60年的历史。"枫桥经验"产生之初,以"说理斗争"的方式改造"四类分子",受到了毛泽东同志的肯定。在其发展过程中,根据不同时期面对的问题,"枫桥经验"不断传承创新、与时俱进,成为中国基层社会治理的基本经验,受到党和国家的高度重视。

一、背 景

1963年2月,中共中央决定在全国农村普遍开展社会主义教育运动。5月,毛泽东同志在杭州主持召开了中央政治局扩大会议,讨论起草了社教运动的纲领性文件《关于目前农村工作中若干问题的规定(草案)》,提出要把绝大多数"地、富、反、坏分子"(即所谓的"四类分子")改造成新人。中共浙江省委选择诸暨、萧山、上虞等县,作"社教"试点。一开始,有的基层干部和部分群众要求"逮捕一批,武斗一遍,矛盾上交",想以此打开运动局面。原诸暨县枫桥区7个社教运动试点公社共有6.7万人口,"地、富、反、坏分子"911名,其中有比较严重破坏活动的163名,要求逮捕的45名。

但工作组的同志坚决执行省委"在社教运动和城市'五反'运动中,除现行犯以外一律不捕人"的规定,充分发动和依靠群

基层社会治理体系和治理能力现代化

众,开展说理斗争,没有打人,更没有捕人,就把那些认为非捕不可的"四类分子"制服了。公安部领导来浙江视察,发现枫桥区没有捕人的经验,立即向正在杭州视察的毛泽东主席作了汇报。主席听后十分高兴,肯定地说:"这叫矛盾不上交,就地解决",并指示要好好进行总结。根据毛泽东主席的指示,公安部派凌云同志带领调查组来到枫桥,调查核实后,主持起草了《诸暨县枫桥区社会主义教育运动中开展对敌斗争的经验》,即"枫桥经验"。其主要精神是:少捕,矛盾不上交,依靠群众,以说理斗争的形式把绝大多数"四类分子"改造成新人。1963 年 11 月 17 日至 27 日,全国二届人大四次会议召开,公安部作了题为《依靠广大群众,加强人民民主专政,把反动势力中的绝大多数改造成新人》的发言。11 月 20 日,毛泽东主席在审阅该稿时作了重要批示:"此件看过,很好,讲过后,请你们考虑,是否可以发至县一级党委及县公安局,中央在文件前面讲几句介绍的话,作为教育干部的材料,其中应提到诸暨的好例子。要各地仿效,经过试点,推广去做。"22 日,毛泽东主席在同公安部负责人谈话中,又强调:"从诸暨的经验看,群众起来以后,做得并不比你们差,并不比你们弱。你们不要忘记动员群众,群众工作做好了,可以减少反革命案件,减少刑事犯罪案件。"

❖ 诸暨枫桥镇"枫桥经验"纪念馆对毛泽东主席批示的原稿整理

二、做　法

1. 计划经济时期依靠人民、发动群众管制改造"四类分子"

"枫桥经验"从诞生之日到"四类分子"成功得到改造，经过了15年的时间。在国家实行计划经济时期，"枫桥经验"又通过发动群众，完成了对重点人群的管制任务。由于重视思想工作，避免了激烈对抗，减小了社会改造的成本。

枫桥动员和发动群众管理社会治安，率先实行群防群治，成效显著。1978年，枫桥人依据新颁布的《宪法》，在群众讲座的基础上，率先制订了《治安公约》。这是动员群众遵守社会主义法律、维护社会治安的一种群众喜闻乐见的好形式，也是后来新时期《乡规民约》的先声。《治安公约》推出后，浙江省公安局充分肯定，并着力介绍给全省各地，认为这种在群众中普遍开展社会主义法制教育的做法，提高了人民群众法制意识，实现了"捕人少、治安好、产量高"的要求。1978年2月20日，《人民日报》对此作了综合报道。

党的十一届三中全会后，为调动一切积极因素，建设社会主义现代化，枫桥在全国率先对经过长期有效改造、表现好的"四类分子"摘帽，并总结了摘帽工作经验。浙江省公安局党组向省委、公安部作了《关于诸暨县枫桥区按照新宪法，对表现好的"四类分子"摘帽的情况报告》，认为"枫桥区在对'四类分子'加强改造的同时，对改造表现好的'四类分子'摘帽的经验是可行的，有利于社会主义事业的"。1979年，中央下达了关于做好四类分子的评审摘帽问题的文件，即中央（79）5号文件。浙江省、地、县公安局组成联合工作组，在枫桥区开展摘帽工作试点。2月5日，《人民日报》发表了《摘掉一顶帽，调动几代人》的长篇通讯，报道枫桥区落实党对"四类分子"政策，做好摘帽工作。2月24日，省公安局《公安工作简报》刊登了《枫桥区落实中央决定，绝大多数"四类分子"已摘帽》的文章，向省内外宣告：在"枫桥经验"的诞生地，"四类分子"中的绝大多数已经改造成新人。《人民日报》《解放军报》《浙江日报》和新华社《内参》纷纷报道枫桥区给"四类分子"摘帽的经验，推动了全国落实"四类分子"政策的顺利进行。1983年，中共中央在转发公安部党组《关于给现有"四类分子"摘掉帽子的请示报告》时指出："给'四类分子'一律摘掉帽子，是我们党和政府依靠人民，把他们由坏人改造成为好人的结果。"

2. 改革开放后专群结合实现社会治安综合治理

1980年以来，枫桥区依靠群众就地消化了大量纠纷矛盾和一般治安问题，基本上做到了"小事不出村，大事不出乡，矛盾不上交"。1986年，乡、村两级调处解决的各类纠纷和治安事件占92.4%，就地教育挽救违法人员643人，其中113人成为各类专业户，从根本上减少了犯罪，促进了社会治安。随着商品经济的发展，枫桥地区依靠群众加强了社会治安的动态管理和公共复杂场所的专业化、网络化管理，逐步形成了融打、防、教、管、建于一体的社会治安综合治理网络，探索出了一条适合当地实际的社会治安综合治理的最佳途径，有效地维护了当地社会治安，保障了经济的繁荣发展。

建设乡镇（街道）综治工作中心，发挥综合治理作用是"枫桥经验"的重要内容之一。2004年初，全国首家乡镇（街道）综治工作中心在浙江省杭州市余杭区乔司镇成立。乔司镇社会治安综合治理工作中心集综治办、信访办、司法所、巡防队、流动人口管理办公室等部门于一体，设立的宗旨是"让群众只跑一个地方，就能满足他们投诉、解决纠纷的要求，不让群众带着气出门"。这个工作中心不但是一个便民服务中心，还是矛盾调处中心、民情信息收集中心、社会治安综合治理的指挥中心。

2005年9月16日，中共浙江省委办公厅、浙江省人民政府办公厅转发了省社会治安综合治理委员会《关于加强乡镇（街道）社会治安综合治理工作中心建设的意见》，要求在全省范围加强乡镇（街道）综治工作中心建设，并明确指出乡镇（街道）综治工作中心，是由乡镇（街道）党（工）委、政府（办事处）领导，综治办牵头协调，各有关部门（组织）协作联动，集综治工作、维护稳定、平安建设为一体的工作平台。时任浙江省委书记的习近平同志对推广建立乡镇（街道）综治工作中心、打造"平安浙江"工作高度重视。他强调："要大力加强社会治安防控体系建设，全面推广建立'综治工作中心'的做法，完善联调、联防、联勤、联治的工作体系。"2005年11月7日，习近平同志在浙江省委十一届九次全体（扩大）会议上的报告中提出："各地大力创新发展'枫桥经验'，进一步加强乡镇（街道）综治工作中心建设，着力建立'大信访'工作格局，不断完善司法调解、行政调解、人民调解相结合的矛盾纠纷社会联动机制。"

2010年5月，中央社会治安综合治理办公室开始全面推进乡镇（街道）综治工作中心建设。2015年4月，中办国办印发《关于加强社会治安防控体系建设的意见》，强调整合各种资源力量，加强基层综合服务管理平台建设，逐步在乡镇（街道）推进建设综治中心，村（社区）以基层综合服务管理平台为依托建立实体化运行机制，强化实战功能，做到矛盾纠纷联调、社会治安联防、重点工作联动、治安突出问题联治、服务管理联抓、基层平安联创。2019年1月13日起施行的《中国共产党政法工作条例》第十一条第三款明确规定："省、市、县、乡镇（街道）社会治安综合治理中心是整合社会治理资源、创新社会治理方式的重要工作平台，由同级党委政法委员会和乡镇（街道）政法委员负责工作统筹、政策指导。"乡镇（街道）综治工作中心从地方经验走向全国，成为基层社会治理的重要平台。

总体而言，"枫桥经验"在这一阶段不断丰富和发展，形成了鲜明的时代特色，即党政动手，依靠群众，立足预防，化解矛盾，维护稳定，促进发展，预防化解了一大批可能影响社会稳定的各类矛盾，形成了"矛盾少、治安好、发展快、社会文明进步"的良好局面，从而为农村稳定和发展创出了新路子。

3. 21世纪以来推动社会管理走向社会治理的全面创新

2003年11月22日，中央综合治理委员会、浙江省委联合在诸暨隆重召开纪念毛泽东同志批示"枫桥经验"40周年大会，中共中央政治局常委、政法委书记罗干亲自参加会议，并作了重要讲话。时任浙江省委书记的习近平同志在讲话中明确提出，要牢固树立"发展是硬道理、稳定是硬任务"的政治意识，充分珍惜"枫桥经验"，大力推广"枫桥经验"，不断创新"枫桥经验"，切实维护社会稳定。

2013年11月毛泽东同志批示"枫桥经验"50周年纪念大会前夕，中共中央总书记、国家主席、中央军委主席习近平就坚持和发展"枫桥经验"作出重要指示：各级党委和政府要充分认识"枫桥经验"的重大意义，发扬优良作风，适应时代要求，创新群众工作方法，善于运用法治思维和法治方式解决涉及群众切身利益的矛盾和问题，把"枫桥经验"坚持好、发展好，把党的群众路线坚持好、贯彻好。

党的十八大以来，"枫桥经验"被赋予了新的时代内涵。习近平总书记指出："坚持人民主体地位，发挥人民首创精神，着力解决好人民群众最关心最直接最现实的利益问题，不断让人民群众得到实实在在的利益，充分调动人民群众的积极性、主动性、创造性。"

新时代的"枫桥经验"以人民为主体，发挥人民的首创精神，重视全科网格建设，充分运用互联网技术，"最多跑一次""一次也不跑"，探索出了党建统领，"自治、法治、德治"结合，"共建、共治、共享"的治理格局，成为中国基层社会治理的成功样本。

三、启　示

第一，"枫桥经验"以人民为中心，充分尊重人民群众的首创精神，发挥了政府服务管理和基层群众自治两方面的积极性。"枫桥经验"所探索的"说理斗争"方式，发动群众解决问题，体现了"始终坚持党的领导、以人民为中心、尊重群众首创精神"的理念追求。习近平总书记指出，50年前，浙江枫桥干部群众创造了"依靠群众就地化解矛盾"的"枫桥经验"，并根据形势变化不断赋予其新的内涵，成为全国政法综治战线的一面旗帜。

第二，党的十八大以来，形成了新时代"枫桥经验"。2018年11月12日，中央政法委在浙江绍兴举行纪念毛泽东同志批示学习推广"枫桥经验"55周年暨习近平总书记指示坚持发展"枫桥经验"15周年大会。大会对坚持创新发展新时代"枫桥经验"、加

基层社会治理体系和治理能力现代化

快推进基层社会治理现代化作出全面部署,强调要以习近平新时代中国特色社会主义思想为指引,坚定不移走中国特色社会主义社会治理之路,把"枫桥经验"坚持好、发展好,把党的群众路线坚持好、贯彻好,加快形成共建、共治、共享的基层社会治理新格局,努力建设更高水平的平安中国,不断增强人民群众的获得感、幸福感、安全感。

❖ 2018年11月12日,纪念毛泽东同志批示学习推广"枫桥经验"55周年暨习近平总书记指示坚持发展"枫桥经验"15周年大会在浙江绍兴召开

第三,"枫桥经验"不仅有效解决了敌我矛盾,而且与时俱进地成功创造了社会治安综合治理、矛盾纠纷多元化解、社会矛盾综合治理机制的基层社会治理模式,探索出了预防为主、扎实帮教等基层社会治理经验,并根据不同时期的任务和要求不断创新。新时代的"枫桥经验"坚持依靠群众自治就地化解矛盾,依靠法治手段公正解决矛盾,依靠德治教化制约控制矛盾,依靠心治服务源头预防矛盾,依靠智治支撑高效处置矛盾,实现了基层社会的有效治理。党的十九届四中全会提出,要坚持和发展新时代"枫桥经验",完善正确处理新形势下人民内部矛盾有效机制,努

力将矛盾化解在基层。党的十九届五中全会要求，坚持和发展新时代"枫桥经验"，畅通和规范群众诉求表达、利益协调、权益保障通道，完善信访制度，完善各类调解联动工作体系，构建源头防控、排查梳理、纠纷化解、应急处置的社会矛盾综合治理机制，正确处理新形势下人民内部矛盾，维护社会稳定和安全。

点 评

"枫桥经验"产生于1963年社会主义教育运动时期，在发展过程中，根据不同时期面对的问题，与时俱进，传承创新，成为中国基层社会治理的基本经验，受到党和国家的高度重视。"枫桥经验"的学习和推广，受到毛泽东和习近平两任国家最高领导人的批示，其所探索出的"说理斗争"方式，发动群众解决问题，体现了以人民为中心的思想。在"枫桥经验"的发展历程中，始终坚持党的领导，尊重群众的首创精神，"依靠群众，为了群众"，发挥政府服务管理和基层群众自治两个方面的积极性。"枫桥经验"成功创造了社会治安综合治理、矛盾纠纷多元化解、文化品位优先提高的基层社会治理模式，探索出了预防为主、扎实帮教等基层社会治理经验。

思考题

1. 如何通过凝聚社会共识推动社会发展？
2. 试论述文化建设在基层社会治理中的作用。

| 基层社会治理体系和治理能力现代化

新时代的"枫桥经验"

20世纪60年代初,浙江诸暨枫桥干部群众创造了"发动和依靠群众,坚持矛盾不上交,就地解决,实现捕人少,治安好"的"枫桥经验"。此后,"枫桥经验"在实践中不断丰富发展,特别是十八大以来形成了特色鲜明的新时期"枫桥经验"。其内涵是:坚持和贯彻党的群众路线,在党的领导下,充分发动群众、组织群众、依靠群众解决群众自己的事情,做到"小事不出村,大事不出镇、矛盾不上交"。"枫桥经验"发源于基层,解决基层社会的矛盾,是中国特色的基层治理经验,是中国共产党领导中国人民成功进行基层社会治理的一个样板。

一、背 景

习近平总书记多次批示和指示坚持发展"枫桥经验",中共浙江省委从1993年起就以五年为周期,以纪念大会为契机,定期总结"枫桥经验"。2003年起,纪念大会由中央综治委(2018年起改由中央政法委)和中共浙江省委联合举办。2018年11月12日,中央政法委与中共浙江省委在绍兴市召开纪念毛泽东同志批示学习推广"枫桥经验"55周年暨习近平总书记指示坚持发展"枫桥经验"15周年大会。大会指出,"枫桥经验"是党领导人民创造的一套行之有效的社会治理方案,并对坚持创新发展新时代"枫桥经验"作出了全面部署。

党的十九届四中全会通过的《中共中央关于坚持和完善中国特色社会主义制度 推进国家治理体系和治理能力现代化若干重大问题的决定》提出，要加强和创新社会治理，坚持和发展新时代"枫桥经验"。党的十九届五中全会通过的《中共中央关于制定国民经济和社会发展第十四个五年规划和二〇三五年远景目标的建议》要求，要坚持和发展新时代"枫桥经验"，构建源头防控、排查梳理、纠纷化解、应急处置的社会矛盾综合治理机制，健全社会心理服务体系和危机干预机制，坚持专群结合、群防群治，加强社会治安防控体系建设，坚决防范和打击暴力恐怖、黑恶势力、新型网络犯罪和跨国犯罪，维护社会稳定与安全。

二、做　法

1. 党建统领

强化对乡村主职干部的督查。村主职干部和乡镇干部一样，只能使用党组织及政府统一配发、设置好的手机，而且这些手机上都安装有定位、平安通、微信等功能软件，确保不脱岗，不失职。

加强乡村领军人才的培养。诸暨市在各村建有干部库，逐步推进农村干部人才登记制度，而且每年都会进行"十佳村支部书记""十佳村主任""十佳好搭档"的评选与表彰。

改善主职干部的工资报酬。提高农村干部的收入，改善农村干部的福利待遇。改变原先村干部工资由集体资金拨付的传统模式，由市财政统一、直接拨付，大大减轻了村民的负担。

提升村镇创建规划的引领。坚持规划先行，围绕创建目标，编制"五星达标"（基层党建星、富裕星、美丽星、和谐星、文明星）、"3A争创"工作规划和全域旅游总体规划、村镇发展和建设规划。

2. 群众路线

"枫桥经验"始终坚持尊重人民的主体地位，尊重人民的首创精神，走群众路线，改善干群关系。近年来，诸暨市致力改善民生，实现了6个城乡一体化：公交一体化、垃圾分类一体化、供水一体化、污水处理一体化、户籍一体化、公共服务一体化。2017年诸暨市政府加大了基础教育、公共交通、养老医疗、基础建设等方面的投入力度，仅养老费支出就达8亿多元人民币，基础教育投入则高达26亿元，医院数量亦有增加，仅民营医院就有17家。此外，诸暨市通过优化办理流程、整合政务资源、融合线上线下、借助新兴手段等方式，形成了"一站式服务""最多跑一次""一次都不跑"的高效服务模式。这些服务模式切实解决了民生实际问题，减少了党群对抗，弱化了党群矛盾。

3. 社会参与

社会组织是推进基层社会治理现代化的重要参与者和实践者，在平安创建、帮扶救助、乡村建设、矛盾化解、社会稳定等多方面能够发挥积极作用，对于创新发展"枫桥经验"起着关键作用。

诸暨市积极培育、推动发展社会组织，为群众参与社会治理搭建了许多新的载体和平台。2014年12月，诸暨市民政局牵头，建立了社会组织孵化中心，至今已孵化社会组织96家。目前，全市共有社会组织2236家，参加人数达273970人，占150万常住人口的 18.3%。枫桥镇有覆盖各个阶层、各类人群的社会组织近 50 个，涵盖了治安巡逻、矛盾化解、网格化管理、心理服务、特殊群体帮扶等各个方面，参加人数达 17850 人，平均每 3 人中就有 1 人参加了社会组织。枫桥镇还积极探索以政府采购、定向委托等方式向社会组织购买服务，推动社会组织在基层治理中发挥实质性作用，解决了许多政府想管而又管不了的问题。"枫桥大妈""店口红帽子"、乡贤参事会等一大批有影响力的社会组织，带动社会力量参与平安志愿服务和基层治理，成为诸暨的亮丽风景。

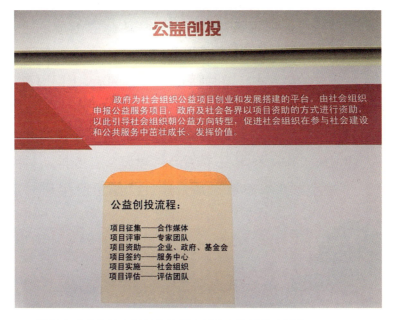

❖ 诸暨市政府为社会组织公益项目创业和发展搭建平台

4. 德润人心

注重道德在基层社会治理中的关键作用，重视家规家训的继承和凝聚作用。防止突破道德底线、丧失道德良知、诚信缺失的行为。充分发挥文化礼堂的育人作用,使之成为乡村的公共文化空间。

诸暨市在探索创新基层社会治理的过程中,从本土文化资源出发,重新发掘新乡贤在乡村治理中的重要功能,在枫桥镇设立了乡贤参事会,用乡贤文化的建设来推进平安浙江的建设。

5. 法律服务

搭建农村法律服务体系。诸暨市基本实现农村法律顾问全覆盖。诸暨市选拔优秀律师下乡进村,首创一村一法律顾问、法律顾问参与矛盾纠纷调解等机制,充分发挥律师"上情下达、下情上传"的联络员作用。诸暨市还规范服务范围和主要形式,明确工作制度,公布联系方式,随时服务,量化工作,上门服务,强化实绩考核。

建立健全乡村公共安全体系。诸暨市加强平安村居建设,做好特殊人群帮扶工作,夯实民主法治村建设,有效推动村级运用法治思维和法治方式去解决矛盾,通过法律手段实现"定分止争"。

6. 矛盾化解

积极探索矛盾不上交的机制。诸暨市建立"零上访村""零上访镇"的创建机制,开展村与村、镇与镇之间的互学互比,激发了各级抓信访、破难题、重化解的主动性,推动了各类矛盾问题在镇、村层面得以解决。

完善矛盾纠纷多元化解工作体系。枫桥人民法庭创造了诉前法律指导、诉时纠纷告诉引导、诉中特邀陪审或旁听、诉后审理结果反馈的"四环指导法",有效减轻了法院压力,同时还强化

"检调对接"化解基层矛盾，健全社会矛盾调处机制。

7. 科技支撑、周到服务

诸暨市推动"智慧安居工程"建设，建立综治工作视联网，运用"网上枫桥经验"，加强四个平台建设。通过构建综治工作、市场监管、综合执法、便民服务"四个平台"的运行模式，诸暨市实行了闭环工作机制，即"上报——受理——分派——处理——反馈"模式。

诸暨市坚持三级联动，构建纵向贯通、横向联通，全方位多层次的区、镇（街道）、村（居）三级综合指挥平台，实现扁平化、精细化管理。诸暨市还实现县乡各部门之间的职责重构、资源共享、体系重整，有效解决了在各层级之间的职责断层现象。此外，诸暨市创新"微信+村务"服务方式，通过建立微信群的方式，将村（社区）、镇（乡）、市的信息有效整合。

三、启 示

第一，"枫桥经验"综合运用乡村自治、政社互动、协商共治、乡贤参与、组织承接、司法保障和"互联网+"等方式，努力担当国家治权下沉后基层社会治理的责任和使命。

第二，"枫桥经验"深入推进流动人口服务管理，补齐基础短板，推进社会风险防控智能化建设，不断优化特殊群体服务管理，化被动为主动，区分、评估、解决不同特殊群体的需求。

第三，"枫桥经验"建立了立体化的社会治安防控体系，强调民意导向、警民合作；以"大调解"、普惠化法律服务为典型代表建立了多元化的矛盾纠纷化解体系，强调治理标准、主体、机制

基层社会治理体系和治理能力现代化

的多元化;通过标语口号营造氛围、感染情绪、认同价值和自觉行为,形成向上向善的文化;发挥新乡贤作用,塑造乡村淳朴民风;健全村规民约,建设民主法治的村风;通过孝德文化,形成和睦家风。

第四,"枫桥经验"基本形成社会治安综合治理、矛盾纠纷多元化解、文化品位优先提高的治理模式,显著提高了基层社会治理的能力,基本建立了基层社会治理的标准体系。

点 评

近年来,中央会议或政策文件多次提及"枫桥经验"。从1963年起以5年为周期,以纪念大会为契机,"枫桥经验"被定期总结,不断地被注入时代特征。近年来,党建统领、群众路线、社会参与、德润人心、法治建设、矛盾化解和科技支撑、周到服务等一系列做法,丰富和发展了新时代的"枫桥经验"。

思考题

1. 如何表述新时代"枫桥经验"的内涵?
2. 试论述"枫桥经验"中自治、法治、德治的关系。

基层社会治理的制度供给

制度是一种资源，而且还是可再生的资源。加强制度供给能够为基层社会治理提供有效依据，更是我国国家治理体系和治理能力现代化制度优势的保障。习近平总书记指出："制度优势是一个政党、一个国家的最大优势。"经济全球化时代，文化、制度、服务的创新与产品、技术的创新，应当一视同仁地受到重视。

一、背　景

传统的立法学只将范围限定在中央立法和地方立法两个领域，形成了"一元多层"立法体制，地方立法是中央立法的"实施细则"。"社会治理"代替"社会管理"，是中国共产党治国理政方略的一次飞跃，首先需要更新立法理念，实现中央立法、地方立法、社会规范的三层治理制度体系构建。制度体系包括正式规范与非正式规范、国家法与民间法等多元结构；"社会管理"强调国家法、正式规范的作用，"社会治理"语境下，非正式规范和民间法显得尤为重要。通过村规民约的建立和健全，为基层社会治理提供制度支撑是解决基层社会治理制度供给不足的有效途径。

基层社会治理的基本规范是以村规民约为中心的社会规范。村规民约建设是实现自治、法治和德治"三治"结合的重要举措，是落实共建、共治、共享社会治理格局的载体，是基层群众自治制度这一中国特色社会主义政治制度和基层群众自治制度的实现形式,是贯彻实施《村民委员会组织法》《居民委员会组织法》的需要,也是实现基层民主、回应最广大基层群众当家作主强烈愿望的有效途径。村规民约是村民对"自治事项"领域内"自己的事情"的合意,其规制的对象是本村的公共事务、公益服务和集体利益。

二、做　法

社会规范具有地域性,对特定地域的主体起约束作用,主要靠基层群众自治组织监督实施。村规民约调整的对象是村民"自治事项",是村民日常从事的社会行为、社会事务和社会活动。村规民约的制定和实施,调动了村民参与社会事务的积极性,体现了村民对公共事务的共同意志,大大拓展了其生存空间、欣赏空间和创新空间。"枫桥经验"重视村规民约建设,确立了以人为本的工作理念,关注人的全面发展,调动了群众的积极性,解放了生产力。通过村规民约规范村内事务,既是中国优秀传统文化、中国共产党红色文化的传承,更是"枫桥经验"基层社会治理实践的突出特色。

1. 诸暨市村规民约构成了当代基层乡村社会治理的核心内容

诸暨市 467 个行政村全部制定有村规民约。以枫源村为例,《枫源村村规民约》7 条,概括得高度凝练。《枫源村村规民约实施细则》28 项条款,具体明晰。村规民约及实施细则的修订程序严格:首先,村干部挨家挨户征求意见;其次,村干部拟定草案,再向全体村民征求意见;第三,方案要重新修订,经民主恳谈会讨论、完善，再经党员会议审议；最后，村民代表投票表决通过后才能实施。

最新版《枫源村村规民约》（2017年5月20日经村民大会表决通过）规定："为推进法治建设，促进经济发展，建设富强、民主、文明、和谐的社会主义新农村，形成优良村风，规定本公约，望全体村民共同遵守，如有违反，将黑榜公布。凡发生破坏村集体形象、损害村集体利益、影响村内稳定的，按《枫源村村规民约实施细则》给予相应处罚：一、爱国敬业守法，不损坏公共设施，不侵占集体财物，不拖欠集体款项，不偷盗劳动果实。二、诚信友善待人，不虐待老人儿童，不伤害夫妻感情，不辱骂诽谤邻里，不拒绝守望相助。三、积极开展五水共治。四、垃圾分类做得好，分门别类要牢记，残羹剩饭瓜果皮，菜叶内脏绿桶进，其他垃圾灰桶进。五、门前屋后整洁，不乱丢乱倒垃圾，不乱搭乱建乱葬，不焚烧秸秆杂物，不阻碍道路通行。六、青山绿水，不乱砍滥伐林木，不乱排生活污水，不在绿化带种菜，不散养家禽家畜。七、小事不出村，不造谣传谣滋事，不参加迷信活动，不忽视消防安全，不参与越级信访。"

《枫源村村规民约实施细则》包括总则、乡风文明、美丽家园、民主自治、平安建设、附则6个部分28条具体操作规范，将《枫源村村规民约》的内容具体化，使之具有较强的操作性，更具实用性。为了保证实施效果，《枫源村村规民约实施细则》规定：每年年底以村级网格为单位推荐评选美丽庭院，并进行表彰公布；同时通过网格员的日常检查，对违反美好家园建设的行为，在村务公开栏以照片形式实时曝光。该实施细则内容翔实、紧贴村情，可操作性强。

基层社会治理体系和治理能力现代化

❖ 诸暨市枫桥镇枫源村村规

2. 村规民约是中国传统社会信任机制的基础

在中国乡村治理史上,立约制度产生于陕西蓝田,由关学学人吕氏兄弟所创,在关中地区传衍。保存于陕西省韩城市博物馆的《梗村里》碑和《里规》碑,系清光绪元年所立。根据《梗村里》记载,韩邑共计28里;《里规》即"里"的行为规范,勒碑日期为光绪元年(1875)三月十五日,勒碑主体为十甲户首并值年里长。从性质上看,其类似于现在的村规民约,共计20条,是村民对村内事务"议"定的管理规则,详细约定了乡村自治的主要内容:

一议合里每年定于三月十五日敬神,先期十日,里差须得先传各甲户首一名,同公商议,并议执事坐柜日期;

……

一议凡抵皇差,里长并十甲户首坐柜,限三日内要收齐,坐柜一切使费,准在软差事内出账,皇差不准多收分文,每一柜准

22

里长二人、户首十人、里书一人、里差一人、房主一人，每人每日出盘费钱一百文，至于水烟、火纸、茶叶，准柜上公买，若里差传不到，以及传到不来者，俱准里长、户首同公禀官究治；

……

一议值年里长在功德祠坐柜，若有私情私弊，查出，合里罚戏3天，不遵者禀。

"公共事务""公益服务""公共利益"构成了《里规》的核心内容。围绕这些事务的完成，《里规》约定了敬神、当差、纳粮等"自治事项"，并对事项范围、完成方式方法、成本支出和经费管理等，作出了详细明确的约定。《里规》的实施机制，是对明确约定的事项"不得争论"。处罚方式是"私了"和"公了"结合，"私了"手段主要是"共同议罚""合里罚戏三天"；"公了"一概称之为"禀官究治"，充分体现了其作为自治规范的属性。"民不举，官不究"，也从一个侧面印证了民事活动的最高准则是充分自治。对侵犯村民权益的救济方法，以民事赔偿途径优先，补偿修复作为首选。发现"私情私弊"后，首要的救济方式是追回原物、赔偿损失，不能使贪腐企图得逞。中国古代以舆论、信誉尤其是信任作为规范实施的基础，并由此建立了基于信誉的信任。"罚戏"即出资搭台唱戏，将不端行为昭告天下。村规民约之所以是社会规范的主体，主要在于其通过公众参与共同议定，采取的是社会性的救济措施和途径，辅之以官府的坚强后盾，发挥着基础性作用。

3. 陕甘宁边区政府重视发挥村规民约的作用并取得了积极成效

抗日战争时期，陕甘宁边区政府大力推动社会建设，包括鼓励村民通过制定村规民约提升乡村文化氛围，改善乡村人际关系，建设和睦美好家园。谢觉哉在其日记中，摘录了《张家圪崂村民公约》，展现了当时村规民约的风貌：

全村人，勤生产，丰衣足食，生活美满；不吃烟、不赌钱，人人务正，没个懒汉；不吵嘴，不撕斗，邻里和睦，互相亲善；多上粪，仔细搂，人畜变工，大家方便；秋地翻，锄四遍，龙口夺食，抢收夏田；婆姨们，多纺线，不买布匹，自织自穿；多栽树，多植棉，禾苗树木，不准糟践；识字班，好好办，不误生产，又把书念；抗工属，优待遍，吃的又饱，穿的又暖；公家事，认真干，公粮公款，交纳在先；生产事，议员管，服从检查，接受意见；好公约，要实现，谁不遵守，大家惩办。

《公约》同样以公共事务作为主要内容，通过倡导的方式，发挥社会建设的积极引领作用，表现了独特的规范功能。《公约》的实施，除了采取倡议形式之外，对违反者采取"大家惩办"的方式。充分的自治是《公约》的特点，也是其亮点。与《里规》不同，《公约》没有明确关于村民与政府在惩治违法犯罪行为方面的衔接机制与渠道。

三、启　示

基层社会治理中的制度供给必须坚持自治、法治和德治相结合，发挥自治的基础作用，重视村规民约的作用。重视各类社团章程的规范作用，形成多元主体参与基层社会治理的合力。降低纠纷化解成本，追求良法善治目标，保障公民各项权利的实现。

第一，通过村规民约解决好"村民自治范围内的事项"。这些事项包括公共事务和公益事业两个方面，前者主要包括：集体资金、资产、资源"三资"的经营、管理、利用；村民（居民）资格认定；民间矛盾纠纷化解；社会治安保卫；等等。后者主要包括：公益组织、志愿服务组织的建立及活动开展；互助互济、扶贫、救灾、拥军优抚等活动；公共交通、通信、水源等公共设施的建设、管理和维护；公共卫生保健、环境保护、合作医疗开展、计划生育政策落实，文化体育娱乐活动的组织；等等。村规民约的内容应当涵盖自治事项的所有领域和方面，使其真正成为基层群众开展自治活动的准则、生产生活的行为规范、预防和化解矛盾纠纷的依据。

第二，村规民约的效力范围并不限于本村村民（居民），还适用于其他生活在村内的人员。《村民委员会组织法》第三十八条规定："驻在农村的机关、团体、部队、国有及国有控股企业、事业单位及其人员不参加村民委员会组织，但应当通过多种形式参与农村社区建设，并遵守有关村规民约。"同样地，《中华人民共和国居民委员会组织法》第十五条也作出了类似的规定："居民公约由居民会议讨论制定，报基层政府备案，由居民委员会监督实施。居民应当遵守居民委员会的决议和居民公约。"

第三，村规民约的实施机制主要依靠村民委员会和居民委员会等群众自治组织，司法审查的范围仅限于具体管理行为。《村民委员会组织法》第三十六条规定："村民委员会或者村民委员会成员作出的决定侵害村民合法权益的，受侵害的村民可以申请人民法院予以撤销，责任人依法承担法律责任。"人民法院对涉及村规民约案件的审理应当自觉维护自治事项范围内村规民约的自治效力。

| 基层社会治理体系和治理能力现代化

❖ 诸暨市枫桥镇枫源村为民服务中心

点 评

  基层社会治理中涉及多元主体，自治、法治和德治相结合，首先要求重视制度建设，进行依法治理。基层群众自治制度本身是中国特色政治制度的重要组成部分，基层群众依法开展自治需要以完善的自治章程、社区公约、村规民约等自治规范作为依据。德治的推行也需要相应的制度和规范将道德评价予以量化和细化，需要相应的操作程序予以明确，以实现良法善治目标。加强基层治理的制度和规范建设，使遵守规则成为习惯，对于形成共建、共治、共享治理格局，完善治理体系，提升治理能力，践行新时代"枫桥经验"具有重要的意义。

思考题

1. 如何理解村规民约的性质？
2. 请结合实际论述村规民约的实施机制。

基层社会治理体系和治理能力现代化

基层社会治理的标准化

基层治理是国家治理的基础。基层社会治理涉及面广,事关党和国家大政方针的贯彻落实,事关群众切身利益和城乡社区的和谐稳定。近年来,中央关于基层社会治理的政策逐渐明朗和确定。2017年6月,中共中央、国务院《关于加强和完善城乡社区治理的意见》指出,"要注重发挥基层群众性自治组织基础作用""充分发挥自治章程、村规民约、居民公约在城乡社区治理中的积极作用,弘扬公序良俗,促进法治、德治、自治的有机融合"。标准化治理是基层社会治理的发展方向,"枫桥经验"已经率先建立了基层社会治理的标准体系。

一、背 景

浙江省在我国较早地实施了标准化战略。2007年10月,浙江省政府根据时任省委书记的习近平同志关于标准化的重要讲话和批示精神,制定了《关于加强标准化工作的若干意见》,后来又出台了《浙江省标准化管理条例》《浙江省地方标准管理办法》《浙江省专业标准化技术委员会管理办法》(TC/SC)等规章和政策体系,对标准化战略进行了顶层设计和逐层分解。

浙江省诸暨市也长期探索基层社会治理标准化建设,创造性地提出了符合基层社会实际的相关标准,并得到浙江省乃至国家的肯定和推广。在"枫桥经验"的发源地诸暨市枫桥镇，因为要不断满足全国各地学习"枫桥经验"的需求，该镇较早开始谋划、制定基层社会治理的标准。2014年4月，国家社会管理和公共服务标准化工作联席会议办公室（〔2014〕84号文件）批准枫桥镇成为全国第一批社会管理和公共服务综合标准化试点项目。这是当时唯一获得立项的乡镇。

2014年以来，"枫桥经验"的发源地浙江省诸暨市枫桥镇制定了22项标准，基本建立了基层社会治理的标准体系。这是"枫桥经验"基层社会治理标准化工作的尝试，也是新时代"枫桥经验"重要技术性规范的创新。

二、做　法

1. 标准化工作开展的过程

建立标准化工作的领导、工作机构。2014年8月，中共诸暨市委办公室、市政府办公室印发《"枫桥经验"——基层社会治理综合标准化试点项目实施方案》；2014年9月，"枫桥经验"基层社会治理综合标准化试点项目启动会召开，这标志着"枫桥经验"标准化工作的启动。整个标准化工作经历了启动、建设、实施、推广、完善和验收等阶段。在领导机构方面，诸暨市成立了"枫桥经验"基层社会治理综合标准化试点工作领导小组（以下简称"领导小组"），对试点项目的策划、实施、推广进行指导和监督。在工作机构方面，枫桥镇成立了以镇党委书记、政法委副书记为首的项目实施团队，团队包括浙江省标准化研究院和浙江大学公管学院的专家，并吸收了20多家业务主管单位的工作人员参与。

深入调研,制定、实施标准。首先,在调研基础上明确乡镇层面的工作内容和实施进度,制定相应方案。其次,开展调研,确定标准体系。再次,进行标准体系和重点标准的培训、学习。最后,标准研制和评审。

推广、完善、验收并最终完成22个标准。2015年12月之后,根据试点工作情况,结合国家标准化委员会《社会管理和公共服务综合标准化试点细则(试行)》及试点任务书的要求,项目团队进一步完善、修改并形成了完整的基层社会治理标准体系。2017年7月11日,试点项目终期验收举行,围绕重点标准的实施、推广及示范进行全面评估,最终标准化工作的成果"枫桥镇基层社会治理标准化项目重点标准"以高分通过(表1)。

表1 枫桥镇基层社会治理标准化项目重点标准一览表

序号	类别	标准名称	枫桥镇责任部门	诸暨市主管部门
1	矛盾化解标准	基层社会矛盾纠纷大调解体系建设规范	社会服务管理中心、司法所、派出所、法庭、检察室	综合治理办公室、公、检、法、司
2		信访事项办理工作规范	社会服务管理中心	信访局
3		基层网格员管理规范	社会服务管理中心	综合治理办公室

续表

序号	类别	标准名称	枫桥镇责任部门	诸暨市主管部门
4	公共安全标准	乡镇社会治安防控体系建设规范	社会服务管理中心、派出所、司法所	综治办、公安局、流动人口管理局、司法局
5		乡镇网络舆情处置规范	党政办	市委宣传部
6		乡镇防汛防台风应急预案规范	武装部	市防汛办、应急办
7		突发事件应急预案（11项）	社会服务管理中心、武装部	应急办
8		应急联动管理规范	社会服务管理中心、武装部	应急办
9		乡镇安全生产监管规范	安监站	安监局、质监局
10		食品安全管理规范	社会事业办、市场监管分局	市场监管局
11		社会治理"一张网"建设与管理规范	社会服务管理中心	市综治办
12	违法监管标准	特殊人群管理规范	社会服务管理中心、司法所、派出所、社会事业办、第二医院	综合治理办公室、司法局、公安局、卫计局
13		乡镇违法监管规范（10项）	村镇办、农办、行政服务中心、国土所	国土局、农办、民政局、水利局、执法局

续表

序号	类别	标准名称	枫桥镇责任部门	诸暨市主管部门
14	公共服务标准	乡镇行政服务中心管理与服务规范	行政服务中心	公共服务中心
15		村级（社区）便民服务中心管理与服务规范	行政服务中心	民政局、公共服务中心、组织部、农办
16		乡镇环境卫生管理规范	社会事业办	农办
17		乡镇优抚管理服务规范	行政服务中心	民政局
18		乡镇养老保险管理服务规范	行政服务中心	社保局
19		乡镇医疗保险管理服务规范	行政服务中心	社保局
20	民主自治标准	民主治村规范	党政办	市委组织部、三资办、民政局
21		村规民约制订修订规范	社会服务管理中心、行政服务中心	综合治理办公室、民政局、组织部、司法局
22		社区社会组织管理与服务规范	社会服务管理中心、行政服务中心	民政局

2. 枫桥镇标准化工作的创新

实现精细化治理的目标。其一，22项标准致力解决乡镇层级的社会治理常态化事项，每项标准均包含具体的实施细则。例如，在《乡镇社会治安防控体系建设规范》中,强化乡镇社会服务管理中心规范化建设和村(社区)综合治理工作站规范化建设,具体规定了组织建设、场地与设施设备、标示标识、台账建设、机制建设五个方面。其二,建设组织体系,优化机构职能配置。22项标准中的14项标准(超过六成)对相关工作的组织架构、组织体系或机构设置、人员构成作出了明确规定。例如,《基层社会矛盾纠纷大调解体系建设规范》明确了"大调解组织体系"。其三,对工作人员提出明确要求。很多标准对工作人员的选择、培训、管理和服务事项提出了明确要求。其四,将工作流程化。《社会治理"一张网"建设与管理规范》规定了"一张网"建设的流程图。其五,加强量化考核。22项标准中,除《养老保险管理工作规范》《医疗保险管理工作规范》和《乡镇优抚管理工作规范》外,其他标准均规定了具体的考核评估办法。

  将标准化和智能化相结合。首先,通过"互联网+"平台促进标准化治理工作。这方面典型的例证是浙江"最多跑一次"改革。这项改革通过智能化手段,打破了过去公共服务管理部门化、碎片化的弊端,实现了以网上办事的线上服务为主,以"一窗受理、集成服务"的线下模式为辅的政务服务新标准。其次,智能化需要依托各种标准,通过类型化的方法,将相应信息与数据予以标记、标识,如建设标准化的"网格",并借助"网络"实现"两网融合",实现"网络+网格"同步创新发展。

| 基层社会治理体系和治理能力现代化

❖ 浙江诸暨市枫桥镇综治中心行业调解室

　　利用标准化工具对乡村自治予以规范。2008 年，枫桥镇印制了《民主治村手册》，把各项民主治理制度汇编成册，推动各村规范化操作。2015 年，枫桥镇印制了《村级权力清单手册》，提升了民主治村标准，对村级重大决策、村级招投标管理、村务财务管理、村集体资产处置等事项共 13 大类 36 个方面的操作流程进行统一规定，推动村自治规范有序。在此基础上，枫桥镇进一步制定了《民主治村规范》。

三、启　示

　　标准化是实现基层社会治理目标的重要路径。标准化在"枫桥经验"实践中发挥了重要作用。浙江诸暨市枫桥镇的标准化工作，在实现精细化治理目标、将标准化和智能化相结合、利用标准化对乡村自治予以规范三个方面具有创新性。标准和标准化有其局限性，所以自治、德治领域的标准化工作要谨慎。因为标准与法律的关系密切，标准对法治具有补强作用，所以将标准化和法治化相结合，通过标准化实现法治化，是基层社会治理的发展方向之一。

第一，标准化是实现基层社会治理目标的重要路径。首先，标准属于一种社会规范。2015年12月17日，国务院办公厅印发的《国家标准化体系建设发展规划（2016—2020年）》指出："标准是经济活动和社会发展的技术支撑，是国家治理体系和治理能力现代化的基础性制度。"其次，标准化是党中央治国理政的新理念。标准化是指"为了在一定的范围内获得最佳秩序，对现实问题或潜在问题制定共同使用和重复使用的条款的活动"。再者，标准化是我国推进基层社会治理的重要举措。2013年11月12日，十八届三中全会通过的《中共中央关于全面深化改革若干重大问题的决定》指出："政府要加强发展战略、规划、政策、标准等的制定和实施，加强市场活动监管，加强各类公共服务提供。"

第二，标准化在"枫桥经验"治理实践中具有重要作用。标准化有利于宣传、推广"枫桥经验"，是反映并检验"枫桥经验"基层社会治理成效的核心要素之一。标准化有助于基层社会治理工作的考核、评估和奖惩。通过标准化方法，科学设置量化的考核指标，制定奖惩换算方法，使得赏罚有度、奖惩分明，能激发基层干部工作的积极性。

第三，标准化和法治化的结合是基层社会治理的发展方向之一。标准能够弥补法律的空白。当法律缺位、不完善或处于模糊地带时，标准往往发挥技术性规范的作用，形成相应的制度保障。

基层社会治理体系和治理能力现代化

标准成为有效执行中央和上级政策和国家法律、法规、规章的具体工具，成为政策、法律实施"最后一公里"的有效手段，在某种程度上可以弥补法律的局限性。

点 评

标准化对实现国家治理体系和治理能力现代化有重要意义。《中共中央关于制定国民经济和社会发展第十四个五年规划和二〇三五年远景目标的建议》在诸多方面提出了标准化建设的要求，如政务服务标准化。标准化是实现基层社会治理目标的重要路径，在"枫桥经验"实践中发挥了重要作用。浙江诸暨市枫桥镇的标准化工作，在实现精细化治理目标、将标准化和智能化相结合、利用标准化对乡村自治予以规范三个方面具有创新性。标准对法治具有补强作用。将标准化和法治化相结合，通过标准化实现法治化，是基层社会治理的发展方向之一。

思考题

1. 在基层社会治理的场域内，新时代"枫桥经验"的标准化工作有何创新、有何局限？
2. 标准和标准化对推进法治、德治、自治的意义是什么？
3. 试论述标准化和法治的关系以及标准化对实现基层社会治理法治化目标的重要意义。

美丽乡村建设推动城乡一体化发展

《中共中央国务院关于实施乡村振兴战略的意见》中指出，"走中国特色社会主义乡村振兴道路，让农业成为有奔头的产业，让农民成为有吸引力的职业，让农村成为安居乐业的美丽家园"。习近平总书记对"千村示范、万村整治"工程的重要指示中也强调，"要结合实施农村人居环境整治三年行动计划和乡村振兴战略，进一步推广浙江好的经验做法，建设好生态宜居的美丽乡村"。在城乡社会发展中，乡村是短板。"木桶原理"形象地说明基层社会治理体系和能力现代化的先决因素是乡村而非城市。美丽乡村建设既是乡村振兴的需要，也是实施基层社会治理现代化的重要目标。

一、背 景

2003年6月，以农村生产、生活、生态的"三生"环境改善为重点，浙江省启动"千万工程"，开启了以改善农村生态环境、提高农民生活质量为核心的村庄整治建设大行动。

浙江省"千万工程"经历了三个阶段：2003—2007年是"示范引领"阶段，1万多个建制村率先推进农村道路硬化、垃圾收集、卫生改厕、河沟清淤、村庄绿化；2008—2012年为"整体推进"阶段，主抓生活污水、畜禽粪便、化肥农药等面源污染整治和农房改造建设；2013年以来进入"深化提升"阶段，启动农村生活污水治理攻坚、农村生活垃圾分类处理试点、历史文化村落保护利用工作，美丽乡村创建全面铺开。

截至2017年年底，浙江省有2.7万个建制村完成村庄整治建设，占该省建制村总数的97%；74%的农户厕所污水、厨房污水、洗涤污水得到有效治理；生活垃圾集中收集、有效处理的建制村全覆盖，41%的建制村实施生活垃圾分类处理。

随着浙江省"千万工程"的实施，诸暨市也开始了美丽乡村建设，形成了美丽乡村建设的"枫桥经验"。

二、做　法

1. 扶持"种粮大户"，养老抚幼，引凤还巢

"枫桥经验"将社会治理与平安建设融入经济发展之中，制定了升级版的经济发展规划，如适应集约化、规模化的要求在农村试行"种粮大户"新模式；在城镇推动传统企业的更新换代和新项目的引进；在风景秀美的地方发展旅游业，培育农家乐、生态休闲游等产业。另外，充分利用30万在外创业的诸暨人的人脉资源，以18个省级联谊会、5个海外联谊会、6个省内联谊会为纽带，诸暨市通过引进在外乡贤返乡投资兴业、鼓励干部返乡探亲等方式，促进诸暨乡村经济的发展。

为了应对农村人口结构的变化，枫桥镇在农村公益性建设用地方面，将原有的乡镇村办企业旧址、居委会旧址、校舍旧址改为幼儿园、养老院、娱乐文体活动室、文化广场。诸暨市土地管理部门对此依法绿灯放行，将公益性建设用地的审批使用依法落到

实处。

采取土地流转出让金与村集体补贴相结合的形式建设养老院，整合村里现有资源，采取村医、食堂等集体形式。老人不用离开本村，就能实现养老。老人们是老街坊、老邻居，对村里环境熟悉。具有自理能力的老人可以在自己家里居住，医疗饮食生活服务由集体托管；不能自理的老人入住村里养老院，由集体负责提供专人供养服务，老人在最后的人生岁月里可以开心快乐地生活。

种粮大户为了感谢党和政府、回报乡邻，积极出钱出力完善村里的体育娱乐活动中心。不少外出的劳动力在务工学习的过程中学到了技术，积累了资金，返乡创业。他们利用富余资金与劳动力整合土地资源在村里从事花卉、水果、蔬菜、粮食油料、采摘、家庭农场、观光农业等产业经营，在村里建立加工点，创办企业、网点带动集体经济发展。政府为创业者提供创业的政策、服务、优良品种、市场信息等服务。

2. 发展生态经济，优化生态环境，建设生态家园

诸暨市重视环境保护，坚持垃圾分类引领美丽乡村规划。坚持规划先行，围绕创建目标，编制"五星达标、3A争创"工作规划全域旅游总体规划、村镇发展和建设规划；坚持"政府主导、社会参与、合理布局、城乡统筹、优化管理、创新方式、综合利用、变废为宝"的原则，通过推行"户集、村收、镇运、市处理"的集中处理模式，按照"减量化、资源化、无害化"的要求，实行垃圾分类管理；出台"绿色超市垃圾分类积分兑换"办法，垃圾袋标条形码，每月对每户垃圾分类情况进行评级，奖优罚劣，从而使农村垃圾的收集率达96%。

3. 发扬社会主义民主，以法治村

民主和谐是美丽乡村的应有之义。

浙江省在乡村治理中严格遵循民主原则，通过民主选举产生基层自治组织，形成了一套规章制度，全面推进民主法治村建设，实现人民当家作主，居民依法进行民主决策、民主管理、民主监督。基层民主激发了居民的主人翁责任感，将基层群众自治制度这一中国特色社会主义政治制度的优势转变成了治理效能。

诸暨市重视依法规范村级事务，对村级重大决策事项、村级招投标管理事项、村务财务管理事项、村集体资产处置等事项操作流程进行统一规定。诸暨市还建立了农村法律服务体系，创建"平安村居"，设立村级法治大课堂，推行法律顾问审备制，实现农村法律服务全覆盖。法律顾问线上线下结合，为村民提供法律咨询服务、为村集体决策提供法律咨询建议和意见。

❖ 诸暨市枫桥镇枫源村"三上三下"民主治村

4. 发展乡村文化，传承传统文明

乡土文化建设为完善多元化的乡村文化、传承传统文明作了有益探索。

发挥文化礼堂对人的美育功能。文化礼堂是当地的文化坐标。新时期"枫桥经验"充分发挥了文化礼堂的作用，使之成为乡村的公共文化空间，真正让村民身有所栖、心有所寄。文化礼堂具有文化客厅的功能，设有茶社、读书舍、村史馆等，供村民休闲娱乐、了解乡村历史；周围配套建设档案墙、名人墙、全家福墙、村史廊、励志廊、孝德廊、成就廊、民风廊、孝廉廊等文化长廊，潜移默化地提高村民的文化和道德素养。文化礼堂还存放有各种音乐器材，用于举办文化表演和比赛，让村民在欢声笑语中加强相互之间的情谊。

发挥乡贤在乡村治理中的和合文化作用。乡贤文化是深深扎根于诸暨市乡村的本土文化。诸暨市从本土文化资源出发，重新发掘乡贤在乡村治理中的重要功能，在枫桥镇设立了乡贤参事会，用乡贤文化的建设来推进平安浙江的建设，发挥了乡贤在参与乡村治理中的人文道德价值和社会经济价值，创造了安稳祥和的社会氛围，推动了文明和谐的乡风建设。

发挥家规、家训、佳节的代际传承作用。在基层社会治理中注重发挥家训、家规的作用，认真汲取其中的道德精华和良好传统，通过多种途径对其进行培养与创新，用不同的方式进行宣传和推广，推进家训、家风建设的发展，将家训、家规融入社会治理中是诸暨市乡村建设的一大亮点。除传统佳节外，当地村子都有自己独特的节日，比如麻糍节日，又称老佛节。当天，每60户村民为一组集中于操场上做麻糍，全村共享美味。这种集体活动加

强了村民之间的团结与协作，凝聚了乡情，记住了乡愁，寄托了相思，弘扬了乡风，改善了乡貌，推动了美丽和谐乡村建设。

5. 发挥党组织的战斗堡垒作用和政府的服务保障职能

美丽乡村建设必须始终坚持党的领导，始终坚持走群众路线。在加强农村基层党建的基础上，诸暨市探索开展自治、法治、德治相结合的治理模式，形成了"人事一起干、好坏大家判、事事有人管"的治理保障新格局。诸暨市不断推进党的基层组织建设和活动方式创新，加强基层党组织带头人队伍建设。农村党组织引导广大党员发挥先锋模范作用，增强党员教育管理的针对性和有效性，引导村民自治组织、群团组织和社会组织共建互融、协同推进。

充分发挥村民的自主性和能动性。在农村设计程序式、参与式、审核式、评议式四种监督方式，诸暨市制定了全面覆盖的监督管理制度，设立村一级的监委会。在此基础上，重视发挥党代表、人大代表、社会各界代表的监督作用，实现事前、事中、事后全面监督。保障乡村自治真正有效的运转施行，使村民自治在党建引领、组织保障、规范操作和有效监督的支撑下落地落实。

2019年，浙江省形成定制，要求所有"返乡干部"必须定期、定时返乡，访民情、释民惑、解民忧，始终带着感情、带着责任，深入自己的祖籍地，深入乡亲家里去。返乡干部结合自身实际与工作职能，做到"五个一"，即每个季度返乡不少于一次，参与村级事务不少于一次，走访联系户不少于一次，建言献策乡村振兴不少于一次，上报返乡时收集到的民情不少于一条。每个党员干部每年至少要联系5到8户困难群众进行帮助，必要时提供物资帮助。党员干部"返乡走亲"时要向村党组织登记报到，接受乡镇督查。力促党员干部与人民群众零距离接触、亲情式沟通，有效推进党员干部服务群众制度化、常态化、实效化，将从乡村走出去的游子作为"候鸟人才"，服务美丽乡村建设。

三、启　示

第一，美丽乡村建设要坚持系统治理和重点突破统一。在经济改革中谋求产业兴旺，在生态保护和环境治理方面重点突破，在文化发展与教育教化中传承文化。坚持党的领导，尊重人民主体地位，鼓励社会广泛参与。

第二，美丽乡村建设要坚持经济发展和环境保护统一。在农村落实绿色发展理念，就是坚持以人民为中心，造福子孙后代。浙江省美丽乡村建设的经验告诉我们，让环境保护与经济发展同行，将产生变革性力量。

第三，美丽乡村建设要坚持完成近期整治任务和最终愿景目标统一。坚持群众视角，尊重群众意愿，发动群众热情参与，"一张蓝图绘到底，一任接着一任干"。建设生态宜居的美丽乡村，最需久久为功、驰而不息。

| 基层社会治理体系和治理能力现代化

点　评

美丽乡村是美丽中国的有机组成部分。党的十九届五中全会提出,"优先发展农业农村,全面推进乡村振兴。坚持把解决好'三农'问题作为全党工作重中之重,走中国特色社会主义乡村振兴道路,全面实施乡村振兴战略,强化以工补农、以城带乡,推动形成工农互促、城乡互补、协调发展、共同繁荣的新型工农城乡关系,加快农业农村现代化"。为实现党的十九届五中全会提出的要求,新时代要不断探索新的基层社会治理之路,率先优化乡村治理结构,着力解决农业、农村和农民问题,通过乡村振兴,实现产业发展、生态文明、民主和谐、富有人文气息的美丽乡村建设重任。

思考题

1. 结合"枫桥经验"诞生地浙江省诸暨市的情况介绍,思考如何实现对农民的"富而教之"?

2. 建设美丽乡村中如何发动群众?枫桥经验在发动群众方面的哪些做法可以推广应用?

完善城乡基层社会治理体系

"治理和管理一字之差,体现的是系统治理、依法治理、源头治理、综合施策。"

——2014年3月5日习近平到上海代表团参加审议时,针对"治理"作了系统阐述

"要处理好维稳和维权的关系,要把群众合理合法的利益诉求解决好,完善对维护群众切身利益具有重大作用的制度,强化法律在化解矛盾中的权威地位,使群众由衷感到权益受到了公平对待、利益得到了有效维护。"

——2014年习近平出席中央政法工作会议并发表重要讲话

"要坚持打防结合、整体防控,专群结合、群防群治,把'枫桥经验'坚持好、发展好,把党的群众路线坚持好、贯彻好,充分发动群众、组织群众、依靠群众,推进基层社会治理创新,努力建设更高水平的平安中国。"

——2019年5月7日,习近平出席全国公安工作会议并发表重要讲话《坚持政治建警改革强警科技兴警从严治警 履行好党和人民赋予的新时代职责使命》

发挥村规民约的作用

改革开放以来，随着村民自治的实施，村规民约的发展进程加快。特别是1998年村民委员会组织法施行以来，村规民约也被纳入村民自治的总体框架之中。2003年前后随着"民主法治村"建设的广泛实施，"枫桥经验"的外延和内涵被大大提升，逐步发展成为融"自治、法治、德治"于一体的新型乡村治理体系。

一、背 景

"枫桥经验"是贯彻群众路线的结果，同时也是公民参与社会治理的重要方式，蕴含着基层协商民主发展、基层法治成长的巨大空间。枫桥的泉四大队早在1977年就制定过《枫桥区檀溪公社泉四大队治安公约》，这是改革开放前后中国基层社会较早由群众自发制定的村规民约之一。《1987年枫桥区乐山乡大溪村村规民约》《2006年枫源村民主治村规程》都是非常优秀的村民自治规范；此外枫桥镇陈家村曾在2008年制定过一套《陈家村村规民约》。这些地方性规则的创设，提升了乡村社会中村规民约的制定水平和层次，凝聚了地方干部与群众的共同智慧，是村民自治向更高层次发展的重要表现，也使得"枫桥经验"从基层综合治理经验逐渐转变为基层社会治理现代化的新样本。

二、做 法

1. 村规民约的制定充分体现了公众的参与性和民主性

村规民约是村民自治制度的重要组成部分，对推动村民自治具有基础性作用。村民自治章程和村规民约作为规范村民自治实践的基础文本，是通过一套民主决策的程序制定出来的。诸暨市枫源村在村民自治章程和村规民约的制定和实施方面已有成熟的实践经验，其制定的过程主要包括以下四个步骤：

第一步，由村党支部和支部书记提出动议和草案。

第二步，由党员、村民小组长、村民代表和网格员就近向所有村民征求对该草案的意见，务必发挥村民自治和民意的力量，并根据村民的意见对该草案进行及时补充和修改。

第三步，召开村民代表大会，对修改后的草案进行表决。在村民代表大会表决的过程中，至少应该有法定标准数的村民代表出席并参与投票表决，该表决结果方为有效。

第四步，由于在表决通过草案的过程中并未召开全体村民大会，因此在草案通过之后应由村两委会对出台的正式文本在全体村民中进行推广宣传，务必使全体村民人人知晓。

2. 通过制定村规民约范本进行引导和示范

村民自治为村规民约的发展带来了良好的契机。从内容上看，文本涉及村民的政治、法律、道德导向、土地和森林资源保护、婚姻及计划生育、纳税及个体私营企业招工、社会公德、风俗习惯、养老育幼、公共设施、公共卫生各个方面，符合我国现行法律体系和道德指向。但是由于带有明显的总纲性和倡导性，其具体的实施难度很大。各村根据实际事务的处理临时制定了实施细则。这些细则起到的实际调整作用，在一定程度上大大强于上述文本化的村规民约，而且牵涉的矛盾和纠纷更加复杂。

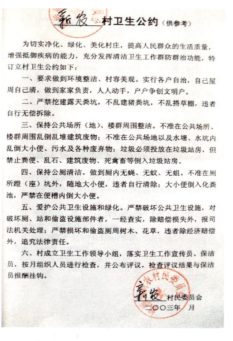

❖ 枫桥镇新农村卫生公约

3. 村规民约的效力主要依靠村民自治组织自觉自主维护

邻里纠纷在目前的乡村社会非常普遍，这种纠纷大多属于宅基地及建筑物争议。由于农村房屋建设相对缺乏规划，因采光、通风、排水、危房改建引发的矛盾比较突出。

如E村金甲等反映金乙违章建房和7间危房危及邻居安全。实际情况是，7间危房是相连建筑，原名"孝友堂"，并非金乙一户所有，分属于其他村民。其中金丙1间，金丁1间，金戊1间，几百户金姓村民共有堂屋1间，金乙1间，金己2间（现已无人居住），确属危房。2005年以来，镇村干部多次到现场查看，并做防险排险处理：一是走访危房户及邻居，一方面做安全提醒，另一方面商讨解决办法；二是组织召开有危房户主和邻居参加的会议，进行集体商讨，但由于涉及面广，情况十分复杂，不同要求难以满足，协商不成；三是对有关户主发放书面通知，要求做好安全防范等工作。镇长、土管所长也到危房现场查看过，他们在提出其他安全防范要求的同时，建议由村上出资收购后拆除危房，但由于与房主在经济补偿、宅基地使用及涉及几百户的共有堂屋处理上，意见相距太远，矛盾太复杂，收购拆除计划未能如愿。至于安全问题，无论危房户还是邻居等都要引起高度重视。金甲老宅相对危险因素较大，建议不要再回老宅居住（金甲现住儿子处）。金乙夫妻都是残疾人，上有老下有小，生活十分困难，他家在老住房（"孝友堂"1间）十分危险的情况下，在老房后山原有1间灰厂的基础上搭了3间简易平房，面积约90平方米，作临时避险。此事该村已向全体党员、村民代表作过解释，得到了党员、村民代表们的同情理解，同时也向土管部门作过汇报，作为特殊情况对待。

这是一个涉及面极广又较为常见的农村建筑物纠纷。从该案中，我们可以发现旧建筑物遗留引发纠纷的复杂性。案中的"孝友堂"原属金氏家族的共有财产，在各户分产到户以后，由于各户家庭经济发展不一致，只有个别住户留在原处，整体维修已缺乏基础，导致房屋危险性增加。由于涉及私有财产的归属，各户基于各自利益考虑，均不愿齐心协力解决问题，这就为村民自治组织和基层政府在解决这类矛盾时增添了诸多困难。鉴于农村邻里关系、传统习惯等特殊情况，国家法律直接介入这类问题也许会得出一个符合法律的解决方案，但是却不一定能够彻底、妥善地解决这类矛盾纠纷。此时就需要寻求既符合法律精神和原则，同时又能很好结合农村乡情等特殊情况的方法，以实现矛盾纠纷的妥善解决、当事人之间利益的合理平衡。承载农村村民价值观的村规民约就可以在这个问题有所创新。在现阶段的村规民约的建设中，应该注重吸收传统文化的精髓，特别是发掘和总结体现村民价值观的良好习惯，以期完善农村自治体系。

三、启 示

"枫桥经验"自发展以来，核心内容始终是发动和依靠群众，做到"矛盾不上交"，形成"矛盾少、治安好、发展快，社会文明进步"的良好局面。村规民约的制定过程本身就是通过发动和依靠群众搞好村民自治工作的过程，是"枫桥经验"在新时代传承发展的重要内容。

第一，以宪法法律为基准，提升村规民约规范化水平。村民自治章程、村规民约是《宪法》和《村民委员会组织法》明确赋予村民自治的重要内容，其合法性不仅关系到村民切身利益，也是贯彻落实现行法律的重要表现。村民自治章程、村规民约的内容必须与国家现行的法律法规和党的方针政策相符合，比如不能违反国土保护等基本国策。此外，基于村级组织村自治组织没有行政执法权，涉及剥夺人身自由、罚款的，必须及时废除，运用民法中损害赔偿的原则，以"可暂扣或取消法定权益之外由村给予的有关福利待遇"为罚则。

第二，恪守程序，严格按法定程序修订村规民约。程序正义是实现实质正义的前提。在修订村规民约过程中，必须高度重视程序的合法化。具体而言，首先将制定程序明确分为起草、审议、表决、公示备案四个阶段。起草阶段由村两委发起提议，成立村规民约起草小组。审议阶段由起草小组会同村两委、村民代表进行初步审议。审议重点是：原有不合法的内容是否删除；原有村规民约中的性别歧视条款是否清除；是否制定了体现性别平等条款。审议合格后交由村庄按照村规民约修订程序进行表决；不合格或有重大分歧者暂时搁置，延缓表决。表决阶段由村委会组织召开村民大会对村规民约修订草案进行表决；由本村过半数18周岁以上村民或者本村2/3以上户的代表参加的村民会议讨论决定，并经与会人员过半数通过方能生效。公示与备案阶段在修订草案表决通过后公示7天；公示期过后无异议即日生效，同时提交乡镇人民政府备案。

第三，因地制宜，根据村情民情完善村规民约内容。"十里不同风，百里不同俗"。村庄因为其特有地理位置、历史习惯、经济发展水平而呈现出多样化的趋势。只有贴近村情、贴近民意，村民自治章程和村规民约才有生命力。村民自治章程、村规民约只有内化于心、外化于行，才能成为村民的生活习惯，才能成为乡村治理的主要依据。衡量乡村治理的效果，关键在于村民自治章程、村规民约是否得到有力的执行。村干部首先应当以身作则，成为遵守自治规则的楷模。广大村民更是要以主人翁的精神来看待这些自治规则，不能抱有"事不关己、高高挂起"的心态。只有全民养成守法守约精神，法治社会才能真正建成。

点 评

村规民约是我国传统法律体系的重要组成部分，也是最具民族精神和文化传承特质的社会治理规则之一。自1982年宪法确立了中国特色的基层群众自治制度以来，村规民约取得了长足发展，并伴随着村民自治的广泛深入，成为基层自治的重要标志。党的十九大确立乡村振兴战略后，作为中国基层社会治理重要制度依据的村规民约迎来了历史发展的新时代。为了实现党的十九届五中全会确立的2035年远景目标，"枫桥经验"作为中国基层社会治理的样本，在新时代承担的重要历史使命之一就是，依靠群众维护稳定、促进发展，为乡村振兴提供良好的治理体系和治理能力。以修订完善自治章程、村规民约为契机，完善乡村治理结构，理顺乡村治理主体关系，提升乡村治理品质，建设高质量法治乡村，必然是新时代"枫桥经验"创新发展的重要任务。

思考题

1. 村规民约的内容和特征是什么？
2. 村规民约的作用是什么？
3. 村规民约和国家法律的关系是什么？
4. 村规民约的制定和实施过程是什么？

基层社会治理体系和治理能力现代化

推动流动人口的社会融入

人的流动性,既是一种社会现象,也是一种自然现象。古代社会生产力低下,统治者为了满足社会生产需要,往往把人口附着在土地上,采取重农抑商政策,限制人的自由流动,以确保更多的人从事农业生产。近现代以来,特别是工业革命以后,随着社会生产力飞速发展,工业超过农业成为社会财富的重要支柱产业,大量劳动力从土地上解放出来,来到城镇参加工业大生产,由此带来人口流动的加剧。

一、背 景

中国人口流动遵循的规律是从农业到工业、从农村到城镇。改革开放后,我国人口的流动速度和体量均快速增长,流动人口成为经济建设的重要力量,流动人口治理同时也成为社会治理的重心。如何让进城的流动人口既留在城市,又能更有质量地融入社会;既从程序上转变身份成为城市居民,又能从心理上转变认知成为"本地人"?面对中央提出治理能力和治理体系现代化的迫切要求,浙江省诸暨市积极转变观念,勇于创新,搭建起"多元共治、依法治理、服务导向、技术引领"的新格局,为推动流动人口社会融入提供了更广阔的舞台。诸暨市先后推出"老乡管老乡"的亲情互动式管理模式,"外警协管外口""外来干部服务外口""外来人口帮助外口"的"三外"专业化服务模式,"四化四式"流动人口服务管理创新模式等,较好地解决了外来人口的服务管理问题。

二、做　法

1. 需求创新服务：补齐社会治安基础短板

诸暨市流动人口服务管理局于 2016 年专门成立了流动人口治理领导小组,与领导小组内其他 23 个职能部门加强沟通与联络,重新明确各镇乡(街道)、职能部门的分管领导,落实相关责任。其做法可以概括为"动起来、严起来、细起来"。

"动起来"。诸暨市流动人口管理局,通过深入蹲点、走访调研、考察学习、抽样调查等多种形式,到所属的企业、学校、建筑工地、寺庙等,掌握第一手资料,帮助镇街发现问题、整改问题,做好登记管理工作；针对农忙、节后等时间段人口流入流出规模较大的情况,在大唐镇、店口镇等镇街,专门组织人员对车站码头、劳务市场、出租房屋、用工单位等多个场点发放问卷,调查统计流动人口增减趋势。

"严起来"。一是实施"越剑系列"清查行动。严格排查基础信息,坚持查清、查细、查实,特别是对重点区域、薄弱环节进行拉网式清查,严防失管漏登。二是严厉打击处理违法行为。加强涉案流动人口倒查并加大对企业、出租房东和中介机构违法行为的查处力度。三是从严管控重点人员。对有前科劣迹、无正当职业、身份不明、居无定所、昼伏夜出、收支反常及来自高危原籍地的流动人员强化严管严查力度,做到部署周密、责任到人、措施到位。四是严密防范安全风险。注重做好涉及流动人口的各类矛盾纠纷和生产生活安全隐患的排查化解工作,高度重视企业停业停产可能引发的社会稳定等问题。

"细起来"。诸暨市流动人口管理局各项工作开展都非常注重"精细化管理",讲究"细微之处见精神"。为确保流动人口统计工作精准可靠,流动人口管理局、公安局组织民警、保安队员、流动人口协管员和其他群防群治力量,利用傍晚工余休息时间对辖区流动人口登记管理比较困难的地方进行清查登记,尽量降低统计中的疏漏率。

2. 信息智能前导:推进风险防控网格建设

加大"流管通"的应用面和使用率。"流管通"是一款移动终端专门定制的手机,充分运用智能手机触屏、拍照、快速联网等优势特点,为流动人口信息采集工作提供了方便并提高了准确性。社区民警和专管员通过熟练操作"流管通",实时掌控辖区流动人口、出租房屋底数,动态管理高危人员。"流管通"依托信息技术的支撑作用,拓展了工作思路和渠道。

推行出租屋"二维码"管理创新模式,实施"一二三四五"核查工作法。即"一扫描、二观察、三核对、四宣传、五处置",进一步强化出租房"二维码"管理,确保出租房内数据及时更新。

实施网格化管理促动态登记。结合"1+X"管理模式,"1"是示范街所属的社区,"X"指参与管理的力量,包括职能部门,以及"两代表一委员"(党代表、人大代表、政协委员)、志愿者、文明经营示范户等在内的社会力量。该模式通过资源整合,提高创建效率,建立问题发现及时、处置快速、解决有效、监督有力的长效监管机制。拓展专管员信息渠道,实时共享动态信息,形成一张覆盖全市横向到边、纵向到底的流动人口管理网络。

出台机制促进长效治理。近年来，诸暨市出台"四个一"标配清单（即每周一次7天到期提醒，上门核查，及时变动；每月一次滚动扫描核查，月底扫描率达100%；每月一次市镇两级对各派出所、专管员检查考核；每季一次通报流管案件"四必办"情况），摸索出"村居抓信息登记，专管员抓登记核查，民警抓红色预警"的长效治理模式，收效显著。

3. 效率价值优先：优化公安勤务运行模式

建立覆盖全局民警的审批平台，全面整合网络资源，将服务触角延伸至群众身边。一是业务申请从"群众跑"变为"网上传"。群众可按照自身实际情况，通过"诸暨公安门户网站""群防云""安心居"等手机APP提交材料，实现材料提交无地域和时间限制。二是审核审批从"网下跑"变为"网上转"，破除了以往需要层层报送纸质材料、审批表单，导致办理时间过长等情况。三是警民互动从"面对面"变为"屏对屏"。群众与民警通过电脑屏或者手机屏"面对面""键对键"进行互动，全面提供"缺什么就直接补什么"的贴心服务。四是群众办事从"多次跑"变为"一次结"。群众申请办理的事项预审通过后，可选择任意一个工作日携带原始申报资料到窗口办理，或者通过预约平台预约节假日办理，免去了来回奔波的不便。

| 基层社会治理体系和治理能力现代化

❖ 诸暨公安"安心租"流动人员管理 APP

4. 多元主体治理：实现共建共享同心同荣

诸暨市通过法制宣传、文化建设、关爱帮扶，不断构建积极融合的人文环境，在多渠道推进流动人口融入社会上下功夫。近年来，建起了包括党政机关、党团组织、群众性组织、自组织、志愿者组织等多主体的社会共建体系。此外，他们非常重视流动人口党团组织建设，推出"党建+流管"模式，充分发挥流动人口中党员的模范带头作用，在大唐、店口、枫桥三个镇试点，建设"新诸暨人党支部"，吸纳优秀流动党员加入组织生活，开展机关党员和流动人口"上门结亲"等活动。通过各种形式，落实党和政府的关爱措施，帮助外来流动人口尽快融入社会，为维护当地和谐稳定贡献力量。

完善城乡基层社会治理体系

❖ 中共诸暨市大唐镇外来建设者支部委员会成立仪式

5. 全面发展融合："枫桥经验"注入时代活力

诸暨市提出把"国民"变"市民"理念，创新流动人口积分落户制度，推行居民普惠制。流动人口只要持有"居住证"，子女可全部安排就近入学，免费接受基础教育；如果资源不够可以调剂，极大地解决了流动人口随迁子女入学教育难等问题。所有办理居住证的"新诸暨人"，均可享受免费乘用公共交通、免费游览市内景区、免费观看电影等诸多优惠和便利。此外，实现"用好的政策留住好的人"，积极引导优秀流动人口在诸暨就业创业，特别是加大高素质人才引进政策扶持力度，建立高素质人才住房保障、培训补贴、就业补助等制度；广开引才渠道，充分利用"学缘""业缘""地缘""血缘"等关系引进优秀人才。例如，对来诸暨工作的大学生，政府都会通过签约单位为其发放住房补贴，通过"购房""创业"优惠等利益驱动，诸暨市在吸收留住优质人才方面，效果明显。

三、启　示

第一，推动了我国户籍制度改革。历史上户籍制度是与土地直接联系的，将人身依附于土地，实现对人口流动性的限制；现代户籍制度弱化了土地对人口的约束，但依然是国家规范公民身份的一项重要参考。伴随着时代的发展与进步，旧有的户籍制度业已成为社会发展的阻碍，是造成流动人口在城市社会中"经济性接纳、社会性排斥"的尴尬与错位的主要原因。诸暨市"新市民"政策的改革，实现了市民之间身份的融合，有力推动了社会经济文化事业的发展。

第二，减弱了社会文化的差异。流动人口社会融入一定层面存在障碍，其背后也有各种社会群体的不同价值体系相互撞击的根本原因。当个体由长期生活的某一区域移居到另一区域时，他原先具有的价值判断、文化准则一定会与移入地新的文化氛围发生冲突。城市文明、开放、积极的治理模式有助于促使外来流动人口克服旧有习惯与意识，转变劳动方式和生活方式，更容易融入当地的社会和文化环境。

第三，发挥了人力资本的作用。人力资本是指劳动者的综合素质，是一种人格化的知识和技术，它对于个人和社会发展有着巨大的推动作用。发展经济学认为，经济增长要素构成中，人力资本（劳动者综合素质）的提高具有越来越重要的作用。在现有人力资源市场仍按地域划分的情形下，对于流动人口来说，只有通过一系列政策措施提升人力资本赋值，补齐城乡薪酬差距，才可能有机会快速获得生存层面的满足感。

点 评

我国的城市化进程实质上是一个不断吸纳流动人口尤其是农村人口的过程,其中的关键是解决农业转移人口市民化问题,即进入城市的农村人口由单纯"谋生存、求发展"到逐步融入流入地城市。流动人口的社会融入程度反映了城市化发展的健康程度。浙江省诸暨市依据"共建共治共享"社会治理格局的要求,转变流动人口治理思路,从尊重和体现人本价值观角度出发,不断优化社会资本调配渠道,消除社会排斥干扰因素,促进政府、社会组织、不同群体间的多维度良性互动,多措并举推动流动人口社会融合,为流动人口管理从"同城"到"同心"的社会融入提供了治理范例,彰显了新时代"枫桥经验"的蓬勃生机。

思考题

1. 请谈谈我国流动人口治理的发展现状与未来挑战。
2. 请谈谈流动人口融入式治理对我国城市化进程的影响和作用。

基层社会治理体系和治理能力现代化

实施社区矫正　落实安置帮教

社区矫正，是指将符合法定条件的罪犯置于社区内，由专门的国家机关，在各方面社会力量的支持配合下，在判决、裁定或规定确定的期限内，矫正其犯罪心理和行为恶习，促进其顺利回归社会的非监禁刑罚执行活动。通过实施社区矫正，可以对罪行轻微的罪犯不予关押，或者将监狱内表现良好的罪犯通过假释等途径提前释放，从而减少监禁对罪犯及其家庭带来的负面影响，也有助于减少国家在维持监狱运行方面的巨大投入。在确保社会安全的前提下，使更多罪犯"回家服刑"，这是世界范围内刑罚发展的重要趋势。

一、背　景

在我国，2003 年开始社区矫正的试点，2009 年在全国范围内试行，2014 年依法全面推进。社区矫正工作开展以来，矫正对象的规模不断扩大，执行效果显著，有力促进了社会稳定和谐。党的十八届三中全会决定中明确提出："完善对违法犯罪行为的惩治和矫正法律，健全社区矫正制度。"2014 年 4 月 21 日，习近平总书记专门听取了司法部的工作汇报，并对社区矫正工作作出重要指示。2019 年 12 月 28 日，我国首部《社区矫正法》出台，对于推动社区矫正工作的法治化、科学化发展具有重要意义。

根据有关法律规定，社区矫正的对象包括"四种人"，即因犯罪而依法被适用管制、缓刑、假释及暂予监外执行的人员。社区矫正执行工作由司法行政机关具体负责，公安机关等予以配合，人民检察院依法进行监督。在社区矫正的开展中，社会力量的参与至关重要。社区矫正不是简单地把罪犯放在社区里进行矫正，而是依靠社区进行的矫正。只有广泛发动社会各界力量，积极参与对矫正对象的监督与帮教，才能取得良好的矫正效果。

安置帮教，在我国特指对刑满释放人员开展的教育、帮扶、救助等活动。刑满释放人员（简称"刑释人员"），是指曾在监狱或看守所服刑，因刑罚执行完毕或者赦免，依法被释放的人员。在押罪犯于封闭、隔离的监所环境内服刑，与社会脱节，其出狱后往往面临社会适应方面的障碍，如果得不到妥善安置与帮扶，甚至会遭受社会的冷遇和歧视，很容易再次走上犯罪道路。我国一直实行对刑释人员不歧视、不嫌弃、给出路的政策，并建立了以安置就业和社会帮教为主要形式的安置帮教制度。2015年，司法部、中央综合治理办公室等13个部门联合出台《关于加强刑释人员救助管理工作的意见》，要求各地积极落实对刑释人员的救助、帮扶措施，切实做好安置帮教工作。

对刑释人员的安置帮教，与作为刑事执行的社区矫正相比虽然法律性质不同，但二者之间联系密切，都属于对特殊人群的管理，都以社会帮教为重点内容，都是平安建设与基层社会治理中的基础性工作，对于预防和减少有关人员的重新违法犯罪，维护社会稳定和谐，具有重要意义。

二、做　法

1. 社区矫正的"枫桥经验"

健全社区矫正组织体系。枫桥镇建立了三级组织网络,加强对社区矫正工作的领导,做到了组织机构、人员配备、经费保障同步到位。在强化公检法司及民政等相关机关职责的同时,积极引导和推动社会力量参与,除了依靠村委会、居委会、妇联、工会等群众自治组织及人民团体外,还鼓励各类企业和社区组织参与,建立了一支庞大的社会帮教志愿者队伍,成员来自各行各业。社会参与面的不断扩展,各界的大力支持和参与,有力促进了矫正工作的质量和效果。

创建适合农村的监管模式。针对农村辖区面积大、矫正对象分散的特点,枫桥镇推出对矫正对象实行"5+1"监管模式,即从镇司法所、协作站(社区)矫正小组、公安责任民警、村治调组织、矫正对象家属五方面来确定人员,分别落实监管及教育帮扶职责。

强调教育手段的精细化。秉承"以人为本,因人施矫"的理念,不断提升教育改造质量。根据矫正对象个人情况,为其量身定做个性化矫正方案,做到因人制宜,"一人一案"。根据矫正对象的个体情况和考核奖惩情况,确定严管、普管和宽管三个管理级别,实行分级管理,执行中还可以根据矫正对象的表现情况对管理级别进行动态调整。采取对症下药的办法,找准矫正对象的心理症结、心理障碍,开展有针对性的教育矫正,促使其转变不良心理和行为,并积极帮助矫正对象解决在生活、法律、心理等方面遇到的具体困难和问题。依托各种公共资源，创设各种有效载体，如建立公益劳动基地、举办法制讲座、开展心理咨询、参加庭审旁听等，通过多样化的矫正形式，提高矫正对象的积极性、主动性，增强矫正工作的实效性。

把社区矫正纳入网格化管理体系。2015年以来，借助全面推进网格化管理的契机，诸暨市推进"社区矫正进网格"工作，依托全科网格、村（社区）便民服务中心等载体，整合村（居）民委员会、综合治理工作站、治保调解组织等资源，深入推进社区矫正工作站建设，第一时间掌握矫正对象的思想动向和行为表现，协助做好帮教、帮扶和服务，筑牢社区矫正"第一道防线"。

促进社区矫正工作智能化。一是打造"互联网+监管"平台，探索启用"实时语音报到""在线审批"等应用系统，构建"监控有图像、行踪有位置、越界有警报、报到有记录"的信息化防控体系，实现对矫正对象全天候、全方位和全程化监管。二是构建"互联网+矫正"平台，建成线上心理测试、心理评估、心理教育、心理矫治等应用系统。三是建设信息化共享平台，建立县乡两级全联通全覆盖的信息平台，实现社区矫正的实时指挥、实时督查，同时强化公检法司等部门的信息共享与工作联动，确保相关工作无缝衔接。

2. 安置帮教的"枫桥经验"

做好刑释人员安置帮教是"枫桥经验"的重要内容。多年来，枫桥镇扎实开展相关工作，绝大多数刑释人员成为自食其力的"新人"。其主要做法是：

健全帮教网络。专门成立安置帮教领导小组，成员由司法、公安、法院、学校、法律服务所，以及一些企业的负责人组成，领导小组下设工作办公室，具体负责抓该项工作。村一级也成立了相应的帮教小组，建立完善了"三帮一"帮教制度（一名村干部、一名党员、一名致富能人帮带一名刑释人员），实行结对帮教。另外，还动员社会上的热心群众和帮教对象亲属参与帮教，建立了立体式的帮教网络。

落实帮教措施。定期上门走访，了解刑释人员的思想动态。签订结对帮教协议，落实帮教责任。经常性开展法律、法规教育，每次确定几名刑释人员交流发言，用亲身经历教育人、说服人，用身边事教育身边人。发动一切力量，为刑释人员的就业提供支持和协助。积极引导群众正确对待刑释人员，努力创造对其不歧视、不排斥的良好社会环境。

完善帮教机制。枫桥镇创立的社会帮教机制，被概括为"三帮三延伸"帮教工作法。所谓"三帮"，是指帮心、帮富、帮到底。帮心，即帮助刑释人员解决思想问题；帮富，即帮助刑释人员改掉好吃懒做恶习，推动其走上自食其力、勤劳致富道路；帮到底，即持续跟踪帮扶，当帮教对象思想表现出现反复时不泄气，继续满腔热情地帮助、教育、挽救，直至其完全顺利融入社会。所谓"三延伸"，是指"事先向监所延伸，事中向生产、生活延伸，事后向巩固提高延伸"。当服刑人员尚在监所接受改造时，就组织人员前往帮教，把关怀和温暖送进大墙之内。当刑释人员遇到生活和工作中的挫折困难时，及时上门访谈，消除其思想疙瘩，帮助解决实际问题，避免其因遭遇困难而自暴自弃。当帮教期满后，对帮教对象不是放手不管，而是一如既往地关心帮助，以巩固帮教效果。

完善城乡基层社会治理体系

❖ 诸暨市定期开展对社区服刑人员的帮教

三、启 示

在社会日益开放、就业竞争日趋激烈的新形势下，我国社会帮教工作面临很大挑战。诸暨市充分发掘"枫桥经验"的宝贵资源，使之贯通于社区矫正与刑释人员安置帮教工作中，形成了一套行之有效的做法和经验，对新时期基层社会帮教工作的开展具有示范意义。

第一，高度重视社会帮教工作。在现代社会中，对犯罪者及刑满释放人员的态度，是衡量一个地区社会文明与民主法治发达程度的重要尺度；而对这类特殊群体的权益进行有效的保护，关系到社会长治久安。政府各部门应当密切联动，广泛发动群众参与，对违法犯罪人员不抛弃、不嫌弃，真正帮助，真诚挽救，真情感化。

第二，推动帮教力量社会化。做好社区矫正和安置帮教工作，单靠国家是远远不够的，必须弘扬"枫桥经验"的精髓，立足社区，依靠群众，整合各类社会资源，充分发动各界群众、企业及社会组织等广泛参与，形成多层次的社会帮教网络。要不断推进社区建设，激发社会成员参与社会事务的责任意识与公益热情，为社会帮教工作的开展拓展社会基础。

第三，因地制宜打造社区矫正"农村样本"。"枫桥式"社区矫正的实践说明，在农村地区开展社区矫正，不能简单照搬城市的模式，而应当结合农村特点，紧密结合村民自治制度，充分发挥村民自治组织的整合功能，这是做好农村社区矫正工作的必然要求。

第四，依托科技支撑助力社会帮教工作。近年来，云计算、大数据、人工智能等现代科技突飞猛进，正在深刻地影响和改变着人类生产生活的方方面面，也有力推动了社会治理和法治建设的进步发展。诸暨市主动拥抱科技革命，应用最新科技成果破解社会治理难题，成效显著。应进一步推动社会治理与现代科技的深度融合，使新时代的"枫桥经验"在科技之翼助推下，释放出更为强大的动能，更好地服务"平安中国""法治中国"建设。

点 评

如何对待罪犯以及刑释人员，是衡量一个社会文明进步程度的重要标尺；而做好社区矫正与安置帮教工作，事关社会的稳定和谐长治久安，是基层社会治理体系与能力现代化不可或缺的内容。党的十九届五中全会提出，要统筹发展和安全，建设更高水平的平安中国。在新时代背景下，应当继续吸取"枫桥经验"的精神养分，充分发掘各界社会力量，动员基层群众广泛参与，构筑多元主体协同互动的社会帮教网络。把社区矫正与安置帮教纳入网格化管理体系，并借助现代科技完善相关的工作机制，使他们的回归之路更为顺畅，这有助于彰显"再社会化"为主旨、"群众路线"为根基的中国特色社会主义刑事司法文明，实现建设更高水平的平安中国的要求。

思考题

1. 党的十八届四中全会提出要建立健全社会组织参与帮教特殊人群的机制和制度，鼓励、引导和支持社会组织参与帮教工作。请结合"枫桥经验"和本地区实际，谈谈如何开展这一工作？

2. 请结合"枫桥经验"和本地区实际，谈谈如何进一步完善我国的社区矫正制度？

| 基层社会治理体系和治理能力现代化

创新推广"网上枫桥经验"

2018年1月的中央政法工作会议上，中央政法委首次明确提出"网上枫桥经验"这个概念，要求"总结推广'网上枫桥经验'，推动社情民意在网上了解、矛盾纠纷在网上解决，努力使社会治理从单向管理向双向互动、线下向线上线下融合、单纯部门监督向社会协同转变"。创新推广"网上枫桥经验"，是网络时代基层社会治理高效、便捷的体现，也是提升社会治理能力的内在要求。"网上枫桥经验"是"用网"和"治网"的"枫桥经验"。一方面，"网上枫桥经验"以"互联网+社会治理"为手段。另一方面，"网上枫桥经验"以网络为治理对象。综合运用"枫桥经验"的价值理念和成功做法，通过依靠和发动群众，强调自治、法治、德治"三治"结合和共建共治共享，实现矛盾纠纷网上解决、正面力量网上凝聚、消极因素网上消解。

一、背 景

2015年7月，国务院印发《关于积极推进"互联网+"行动的指导意见》，从国家战略高度将互联网与大数据的运用和管理纳入国家治理体系之中。

2016年开始，互联网行业龙头企业阿里巴巴集团联合有关机构召开过多次会议。其中，2016年12月26日，新华社《瞭望》

周刊与阿里巴巴集团在北京共同召开网络"新枫桥经验"高峰研讨会,首次提出网络"新枫桥经验"的概念,并提出"警企合作、群防群治、敢于创变"的网络治理新思路。

2016年10月21日、2017年9月28日,中央政法委相继邀请马云、周鸿祎讲解"科技创新在未来社会治理中的作用""新时期全球网络安全形势及应对",全国超过150万政法干警通过视频直播观看讲座。

党的十九大报告提出:"要加强互联网内容建设,建立网络综合治理体系,营造清朗的网络空间。"2018年初,中央政法委提出"网上枫桥经验",将网络治理纳入基层社会治理之中予以通盘考虑,并与政法综治战线的金字招牌"枫桥经验"相结合。这是中央政法委对网络治理的回应,既凸显了对网络治理的重视,也扩展了"枫桥经验"的外延。

二、做 法

1. 通过网络深入开展普法教育

进入新时代,公众接受法律信息的渠道发生转变,从形式和内容方面而言,新媒体更能迎合公众的需求。普法不是简单地"灌输",而是一个双向、互动、交流的过程。目前,浙江省已形成了包括门户网站、网群、微博、微信等多种载体在内的浙江普法宣传新体系。

2. 运用科技手段实行网络问政和舆情管控

"问政"是一个双向互动的过程。一方面是政府问计于民,旨在制定出更为合理的政策。另一方面是公众过问政府事务，参与政务，监督、规范乃至制约政府的权力和行为。网络问政是以网络为平台、以沟通为手段、以共识为目的而进行互动的一种政治活动。

2015年浙江省开通浙江政务服务网，截至2018年6月，浙江政务服务网的注册用户已超过1700万，浙江政务服务App可提供"互联网＋政务服务"功能超过240项，实现了省市县网上政务服务导航、认证、申报、查询、互动、支付、评价一体化。

网络舆情考验着政府的治理能力。2015年12月，中共中央、国务院颁布的《法治政府建设实施纲要（2015—2020年)》将健全网络舆情监测、收集、研判、处置作为法治政府建设的重要手段和目标。浙江省在线推出"浙江舆情"App，内容涵盖"舆情定制报告""突发舆情推送""重大舆情专报""舆情大讲堂"等，让用户获取舆情信息及时有效、方便快捷，以"帮领导看网"为特色，成为政企领导、舆情领域决策人士的"贴身参谋"。通过舆情调控组织结构优化，强化网上群防群治力量，有效提升了网络舆情应对能力。

3. 利用大数据成果预防和打击违法犯罪

在信息化时代背景下，网络违法犯罪呈现多发性、智能性、隐蔽性和地域广泛性，社会治安管理面临严重挑战。为预防和打击违法犯罪，浙江省公安厅实施"云上公安、智能防控"大数据战略。为夯实平安基础，浙江省将"雪亮工程"作为社会体制改革和政法数字化协同重点项目，在建设、联网、应用三个环节上狠下功夫。

浙江省推动公共安全物联网建设。例如，诸暨市自主开发视频结构、人脸识别、车辆监测等大数据功能模块，通过导入犯罪人员车辆、人脸信息，利用车辆特征识别、人像比对、行为分析等智能化技术应用，初步实现了对人员密集区域、重点场所、要害部位犯罪风险隐患的自动感知、预警防范、目标追踪。

在危化物品、烟花爆竹等危险物品管理方面，浙江省推行实名销售，并将危险物品全部录入浙江省危险物品排查管控系统，实时更新，消除管理盲区。在吸毒人员服务管理平台方面，网格员可依托吸毒人员服务管理App实现对吸毒人员的动态化、信息化管理和监测。

4. 通过大数据分析进行金融风险防控

为深入推进平安建设，浙江省各地不断提升金融风险防控和治理水平。浙江省全面建设金融风险"天罗地网"监测防控系统。"天罗"主要依托互联网大数据技术平台接入的各类金融监测数据信息，对线上金融风险开展实时监测。"地网"则依托基层网格化管理平台接入的排查信息和相关管理部门平台接入的监管数据信息，对线下金融风险开展日常监测。该系统包括数据集成、实时风险监测、风险识别机制、预警核查处置、应急协同处置、定期汇总分析、辅助决策信息等功能，集互联网大数据、基层网格化排查信息及相关管理部门等信息渠道于一体，重点以小额贷款公司、担保租赁公司和各类无牌照、无监管、实际开展金融活动的主体为监测对象。中国人民银行诸暨市支行建立"金融稳定三色预警"工作机制。该机制根据镇乡街道所属企业逃废债发生情况提示区域金融风险。绿色是逃废债现象零发生，黄色是辖区内企业出现逃废债行为，红色是发生5起以上逃废债行为或案值总额在2000万元以上。仅2017年1月至8月，诸暨市支行就通过该机制及时发送风险预警信息 7 条，发现、堵截冒名开户、违规开卡等非法结算业务 10 多次，有效防范了支付结算风险的发生。

5. 通过网络平台有效化解矛盾纠纷

浙江省搭建"政法机关一体化办案系统"作为司法协同平台的重要组成部分。该系统以电子卷宗为核心，按照业务流、信息流、资产资金流、决策流设计，涉及公安、检察、法院、司法行政的业务流程，通过信息共享使办案更高效，通过业务协同使办案流程更规范，实现了各部门资源共享、信息联通、平台共建、社会共治，真正实现了从互联网这个"最大变量"向善用互联网这个"最大增量"的华丽转变，切实把矛盾纠纷化解在苗头、消解在网上。

杭州互联网法院于 2017 年 8 月 18 日挂牌成立，依托智能立案系统、智慧庭审系统、裁判辅助系统、电子签章系统、电子卷宗随案件生成系统，实现了诉讼流程全程在线、电子证据一键调取、庭审多方实时交互、语音识别同步显示，有效地提升审判效能、维护了网络安全、化解了涉网纠纷。司法程序实现"线下人工"向"线上智能"的转变，起诉、调解、立案、举证、质证、庭审、宣判、送达等诉讼环节全程网络化，打破了矛盾化解空间和时间上的限制。此外，该法院利用大数据分析技术对涉网案件数据进行多模块比对分析，梳理其规律和特点，形成结构化、标准化的互联网司法裁判规则。

完善城乡基层社会治理体系

❖ 杭州互联网法院开庭审理情景

诸暨市人民法院不断深化"网上枫桥经验",建立了集在线调解、在线立案、在线司法确认、在线督促程序、电子送达等于一体的ODR配套机制,通过诉前化解、立案调解、简案速裁"三道过滤网",实现"法院+社会""专业+群众""现代+传统""线上+线下"相结合。

❖ 浙江省诸暨市人民法院诉讼服务中心及ODR工作专班

三、启 示

"网上枫桥经验"是互联网治理的产物,是"用网"和"治网"的"枫桥经验",是根据新时代"枫桥经验"中智能化的内涵所提炼出的新概念,是传统"枫桥经验"在治理领域的扩展和治理方式上的创新。浙江省积极践行"网上枫桥经验",在普法、问政和舆情管控、预防和打击违法犯罪、金融风险防控、矛盾纠纷化解等领域取得了显著成效。"网上枫桥经验"浙江实践重视通过网络公共治理平台来整合资源。"网上枫桥经验"应强调以人为本的服务和文化品位的提升。

第一,通过网络公共治理平台整合了资源。通过大数据、云存储、云计算等信息化手段,对各类数据进行系统整合,全面构建信息化、立体化、动态化的治安防控体系和智能化服务系统,为跨部门、跨业界应用和辅助决策、统计分析、业务管理等提供大数据支撑。

第二,强调以人为本的服务。在"互联网+"和网络治理工作中,公权力极易形成权力扩张和权力泛化。有些地方的"网上枫桥经验"的实践,强调政府在互联网安全和治理中的主导地位多,而强调多元主体协商共治元素少;关注矛盾纠纷解决的多,而强调公众主体性的相对少,群众自治有些淡化,"以人民为中心"落实不够。

第三,注重文化品位的提升。通过文化的塑造和道德法律的规范,有效保证了网络技术沿着正确的方向发挥功能,从而实现文化品位的优先提升。通过社会主义核心价值观和网络的结合,提升文化品位。以新时代精神为引领,积极推动优秀传统文化和当代文化精品的数字化、网络化传播，鼓励互联网企业创作新产品，打造新品牌，拓展新领域。以"互联网+基地+项目模式"凝聚社会各界正面能量，为群众提供网上公共服务。

点 评

"网上枫桥经验"是互联网治理的产物，是"用网"和"治网"的"枫桥经验"，是根据新时代"枫桥经验"中智能化的内涵所提炼出的新概念，是传统"枫桥经验"在治理领域的扩展和治理方式的创新。浙江省积极践行"网上枫桥经验"，在普法、问政和舆情管控、预防和打击违法犯罪、金融风险防控、矛盾纠纷化解等领域取得了显著成效。"网上枫桥经验"浙江实践重视通过网络公共治理平台来整合资源。但是，智能化如果没有人性、人权、人文关怀的价值观支撑，如果没有民主、法治的基础保障，极易发生异化。所以，"网上枫桥经验"应强调以人为本的服务和文化品位的提升。

思考题

1. 网络和"枫桥经验"如何结合？
2. "网上枫桥经验"浙江实践的创新有哪些？

| 基层社会治理体系和治理能力现代化

创新推广"企业枫桥经验"

构建和谐的劳动关系,健全劳动关系协调机制,这是党的十九大、十九届四中全会、十九届五中全会提出的要求。"企业枫桥经验"是运用"枫桥经验"的精神实质和基本原理,以构建和谐劳动关系、实现平安企业为目标,以企业员工为主体,加强党建引领,重视企业的安全及其社会责任的履行,并在现代公司治理结构中嵌入企业综合治理平台,充分利用企业之外的基层社会治理资源,形成了涉企矛盾综合治理的新时代"枫桥经验"。

一、背 景

党的十八大以来,党和国家对全面深化企业改革、加快转变发展方式、提高发展质量和效益提出了更加迫切的要求,对规范管理、提高依法治企水平和风险防控能力形成了更加严格的约束,对进一步加强企业党建、深入推进党风廉政建设和反腐倡廉工作提出了更高的标准。要助推企业的发展,实现企业与地方经济社会和民生的协调发展,就要善于运用"枫桥经验"。近年来,企业在吸纳大量劳动力的同时,内部矛盾纠纷也频频出现,甚至出现或引发一些群体性事件。诸暨市开展的"人民调解进民企",对充分发挥企业内部资源作用、化解矛盾纠纷,起到了积极的作用。另外,作为城市的基本治理单元之一,企业创造性地运用"枫桥经验"，做好内外部治理，能有效促进和谐劳动关系的建立，并有效提升企业的社会效益、经济效益和管理效益。

二、做　法

1. 建立完善的职工保障机制，营造和谐的企业文化

国家电网浙江诸暨市供电有限公司（以下简称"诸暨供电公司"）的主要做法有：打造健身房方便职工强身健体；设置母婴室方便女职工哺乳育婴；营造走廊美术馆陶冶职工情操；布置书屋为职工提供精神给养；构筑心灵驿站（EAP工作坊）缓解职工压力；组织观影愉悦职工身心；通过参观企业展厅，培育集体荣誉感、凝聚职工共识；通过陈列"枫桥经验"的电力实践，强化职工服务意识；实施暖心工程；从工作、生活、个人成长、职业提升、解决心理诉求等多个渠道为员工"谋福利"；每年开展各种形式和主题的谈心谈话活动，及时解决一线职工提出的意见和建议；建立"阳光心灵工作室"，常态化开展"员工心理健康成长"活动，对员工进行心灵关爱。

2. 促进人心凝聚，加强党建引领

诸暨供电公司加强对员工的关心关爱，营造和谐的内部氛围。公司关爱新进员工，开展"爱上诸暨"系列活动，让员工尽快适应新环境；关爱外地员工，在节假日送上陪伴和祝福，关爱困难员工，落实"金秋助学"等困难帮扶举措；关心退休员工，每年开展退休员工团拜会。

3. 以平安建设为目标保障企业平稳运行

一方面，构建政企联动的安全防控机制。企业结合"平安诸暨"建设，以维护企业安全和社会稳定为目标，主动对接市政府、公安局和司法局，建立联动、联保、联防协同机制。另一方面，建立企业安全运行防控网络。企业始终坚持技能培训和安全核查，不断提升自身防控能力。诸暨供电公司成立市、镇、村三级电力组织体系，统筹协调解决电力设施保护、电力安全隐患整治和电力治安综治中遇到的问题。

4. 以合作共赢为导向坚持履行社会责任

建立优质服务保障机制。诸暨供电公司建立"六个一"工作机制。成立电力保障工作小组，每月向市重大产业项目推进工作组通报电力保障进度。建立台区经理驻点服务机制，公司200余名台区经理每周至少一次到村级（社区）便民服务中心服务，帮助小微企业优化用电方案，指导居民安全用电、节约用电。开展"用电服务到乡村，交费方便到家门"为主题的系列宣传服务活动，帮助偏远山区、交通不便的农村用户破解电费交纳、用电业务受理等难题。推动建立社会化电力服务体系，以社会电工和农村电工为主体，提供城乡居民表后社会化电力服务。积极探索，提供优质高效用电服务。推进"互联网＋"营销服务，通过微信、社区等公共资源，以"物联网"搭接用户——物业——供电企业之间的桥梁纽带关系，第一时间掌握客户需求，帮助解决用电难题。开展主动抢修服务，专门成立配网抢修指挥中心和区域性专业抢修队伍。拓展带电作业服务，坚持"能带不停"的工作原则，创新开展绝缘导线穿刺作业法，满足重要用户对连续供电的质量要求。优先采用带电作业方式进行日常消缺和事故处理,最大限度地减少停电次数、缩小停电范围。

注重社会生态环境保护。诸暨供电公司在灵绍特高压配套工程——绍兴换流站立项审批阶段,由以往单纯考虑技术经济性向兼顾社会与环境价值转变,委托中国电力工程顾问集团华东电力设计院等单位对本工程的环境影响、水土流失以及社会稳定性风险进行了系统的调查和评估,从环境与社会影响的角度对项目的可行性进行了科学的评估,并制定了详尽的项目环境管理方案和水土保持方案,尽力将项目的负面影响降到最低。

加强社会对口帮扶工作。浙江洁丽雅纺织集团有限公司打造产业援疆项目,创新性地破解了少数民族地区"用工难、培养难、融合难"这三大难题,实现了"稳定就业、稳定质量、稳定企业、稳定社会"的良好的社会效益,开辟了一条在欠发达多民族地区产品质量品牌建设的新路径,为解决"新疆少数民族地区群众对美好生活的需求和不平衡、不充分的发展"矛盾作出巨大贡献,并得到了政府和社会的高度认可。

5. 以企业综治平台为载体综合治理各类涉企矛盾纠纷

构建矛盾纠纷预防预警机制。诸暨供电公司"电力综治中心"是诸暨市首家集企业综治中心、信访接待室、矛盾调解室和电力践行"枫桥经验"展示于一体的综合办公区。公司实施差异化风险管理策略,对可能发生的社会风险进行归类,并制定了相应的处置措施与预案,将电网运行中的社会风险划分为意识缺失型、技能缺失型、利益冲突型和违法违规型四大类。对于意识缺失型社会风险,开展现场教育,引导公众参与高压线附近的危险行为的监督;对于技能缺失型社会风险,建立对接机制,定期对操作

基层社会治理体系和治理能力现代化

人员进行风险防范培训,保障施工作业中的电网安全;对于利益冲突型社会风险,整合农林部门、地方村委、农户多方资源提前协调;对于违法违规型社会风险,依托"平安诸暨"建设,加强与政府部门的合作,共同治理威胁电网安全的违法违规行为,实现对电网外力破坏从被动防御向主动预防的转变。

❖ 诸暨电力矛盾调解综合治理中心

创新矛盾纠纷的沟通机制。诸暨供电公司创新机制,最大限度减少因沟通不到位、信息不对称等原因引起的矛盾和纠纷。在施工建设现场设置居民投诉办公室,接待施工阶段的信访和投诉,及时掌握并管理施工过程对居民的影响。

建立矛盾纠纷联动调解机制。诸暨供电公司联合市司法局成立电力纠纷人民调解委员会,依托司法、调解志愿者联合会等第三方力量,合力化解各类涉电矛盾纠纷,促进电力与经济社会的和谐发展。通过调解工作宣传法律和电力知识及相关的法规、规章和政策,教育公民遵纪守法,遵守社会公德,预防涉电纠纷发生及激化。同时，公司向市政府和有关部门反映涉电纠纷和调解工作的情况，提出防范涉电纠纷的意见和建议。选聘群众信任、业务过硬、经验丰富的供电所一线员工担任"电力老娘舅"，根据各自工作区域，划分服务对象，通过定期上门沟通、公布联系号码及时化解涉电矛盾纠纷，维护社会稳定。

三、启　示

第一，"企业枫桥经验"推动和谐劳动关系的实现。企业枫桥经验坚持"以人为本"，注重员工的生存权与发展权，将员工权利摆在首位，为企业发展不断注入有生力量，从而有助于推动和谐劳动关系的实现，进而推动和谐企业的构建。以和谐劳动关系为纽带，积极推动企业平安运行。

第二，"企业枫桥经验"推动企业党建落实落细。企业枫桥经验将推进民主管理、加强企业党建和凝聚员工思想有机结合。把党建引领置于核心，为企业决策提供科学指导。广泛收集员工意见，依据实际情况，制定科学合理的决策部署。从党建引领企业发展、人才培养、群团共建、文化建设和社会担当五个方面，充分发挥党组织和党员的先锋模范作用。

第三，"企业枫桥经验"有效地防控社会风险。有效的内部信息沟通基于企业的民主文化，民主文化激发员工的主人翁意识和参与度，从而在源头上预防风险。外部沟通是企业依靠、动员企业外部力量（例如借助党和政府的力量），达成与社会的信息交流。

第四，"企业枫桥经验"强调履行企业的社会责任。企业在创造利润、对股东利益负责的同时，还要承担对员工、对消费者、对社区和环境的社会责任。企业在依法经营的前提下，创造财富，增加国家税收，解决群众就业，本身就是在履行社会责任。企业还可以通过参与社会公益事业等途径，承担更多的社会责任，更多地回报社会。这有助于企业正确认识其社会定位，主动承担社会责任，为社会稳定贡献力量。

第五，"企业枫桥经验"强调多元化解涉企矛盾纠纷。矛盾纠纷来源于社会生活，矛盾纠纷的预防化解离不开社会的参与和支持。企业本身是特殊的社会组织，一方面，要激发企业在社会治理中的作用。另一方面，企业也应当以开放的姿态，充分利用企业之外的社会资源，服务于企业治理与企业矛盾纠纷的预防化解。

点 评

党的十九届五中全会提出，坚持和发展新时代"枫桥经验"，畅通和规范群众诉求表达、利益协调、权益保障通道，完善信访制度，完善各类调解联动工作体系，构建源头防控、排查梳理、纠纷化解、应急处置的社会矛盾综合治理机制。"企业枫桥经验"运用"枫桥经验"的精神实质和基本原理，以构建和谐劳动关系，实现平安企业建设为目标，以企业员工为主体，加强党建引领，积极履行社会责任；在现代公司治理结构中嵌入企业综合治理平台，形成内部治理与外部基层社会治理资源之间的协作配合机制，采取调解等方式预防和化解各类涉企的矛盾纠纷，实现社会矛盾综合治理，保障了企业人心凝聚、科学决策和平稳运行。

思考题

1. "企业枫桥经验"在哪些方面坚持和发展了"枫桥经验"?
2. 结合本地实际,谈谈企业参与基层社会治理的形式和载体有哪些?

基层社会治理体系和治理能力现代化

发挥人民法院在基层社会治理中的作用

坚持法治国家、法治政府、法治社会一体建设，建设法治中国，这是国家治理体系和治理能力现代化的要求。按照党的十九届五中全会的要求，有效发挥法治固根本、稳预期、利长远的保障作用，必须促进司法公正。在"枫桥经验"近60年的发展历程中，诸暨市法院充分发挥司法在矛盾纠纷多元化解机制中的引领、规范和保障作用，落实宪法法律规定的基层群众自治制度这一中国特色社会主义政治制度，调动社会力量参与矛盾纠纷化解，成效显著。通过创造性地履行审判职能，从源头预防化解矛盾纠纷，诸暨市法院传承创新"枫桥经验"，为基层治理现代化创造了良好的环境和条件。

一、背　景

诸暨市法院通过部门联动，形成纠纷解决的合力。发挥司法的引领、规范和保障作用，构建矛盾纠纷多元化解机制，传承创新"枫桥经验"。有效参与基层社会综合治理，体现了基层司法的综合性。注重预防，源头化解，提升审判质效。诸暨市法院紧紧依靠党委领导、综治协调，通过发布审判白皮书，运用司法建议的形式，改善营商环境。加强与市政府、各职能部门、司法局及各调解委员会的信息通报和协调联动，积极整合资源，发挥各自优势，最大限度将矛盾纠纷化解在诉前。扎实履行审判职能，充分发挥司法在基层社会治理中的积极作用。

诸暨市法院在传承创新"枫桥经验"的过程中，有效推动了基层社会治理体系的完善和治理能力的提高，为基层治理现代化打下了良好的基础。公正、高效、权威的社会主义司法是国家治理体系的有机组成部分。"枫桥经验"近60年的发展，就是依靠群众就地化解矛盾纠纷，更好地发挥司法审判职能的创造性探索。

二、做　法

诸暨市法院在履行审判职能的过程中，主动融入社会治理格局，服务综合治理目标，推动地方经济社会文化的全面发展。运用审判白皮书的发布、司法建议制度、审判团队及案件管理改革等方式强化纠纷的预防化解，实现源头治理，提高审判质效。发挥基层司法的基础作用，推动基层社会治理体系和治理能力现代化。

1. 发布审判白皮书，积极参与基层社会综合治理

诸暨市法院畅通信息共享渠道，针对法院工作中发现的问题，及时向党委政府及相关部门提出意见建议，编发"审判白皮书"，如《诸暨法院金融审判白皮书》（2012—2016）、《破产审判白皮书》（2012年8月—2018年11月）等，就专门领域存在的问题提出对策性的意见和建议，改善相关领域的管理，优化营商环境，从源头化解矛盾纠纷。

以《诸暨法院金融审判白皮书》（2012—2016）为例，诸暨市法院审理金融借款案件的基本情况是：案件数量居高不下，涉案标的总额迅猛攀升；被告多为中小企业，并逐渐扩散至规模企业；涉案标的额大，100万元以上案件占比逾6成；联保现象普遍，易产生多米诺骨牌效应；"担保链"成为企业出险的重要原因之一。

针对金融审判中发现的问题，诸暨市法院提出了针对性的改进建议。如果不能从根本上改善金融管理状况，金融案件的增长就不可避免。人民法院仅仅审理个案，不对行业管理提出意见和建议，不能敦促行业进行自我完善，金融审判的作用就很难得到有效发挥。

2. 运用司法建议，提高执法水平

人民法院在审理民事、经济、行政纠纷案件的过程中，为了减少、预防纠纷和违法犯罪行为的发生，针对案件中有关单位和管理部门在制度上、工作上所存在的问题，建议其健全规章制度，堵塞漏洞，进行科学管理，提出改进和完善管理工作的建议。提出司法建议是法院进行法治宣传、实现司法职能的一项重要措施。司法建议是人民法院参与基层社会治理的重要途径。

诸暨市法院在2012年至2018年，共发出司法建议75份。其中，2012年3份，2013年9份，2014年12份，2015年12份，2016年20份，2017年11份，2018年8份。诸暨市法院坚持司法建议发送环节的抄送和报送制度，保证其作用充分发挥。

司法建议是在审判过程中针对具体问题做出的，属于对策性的意见和措施，对改善相关领域的社会治理，具有举足轻重的作用。例如，各级各类调解组织如何在调解工作中及时、有效、充分地固定证据，力求避免出现行为人否认、仅有受害人指认而无其他旁证印证的情形，给案件的后续处理带来难度，诸暨市法院发

出了《关于进一步规范纠纷调处工作的建议》（诸法建〔2012〕9号），其对象包括枫桥派出法庭管辖的承担人民调解任务的枫桥派出所、枫桥交警中队、赵家派出所，枫桥镇、赵家镇、东和乡等人民调解组织。司法建议提出的意见和建议明确、具体，操作性强，能够起到规范和指导专门领域依法治理的作用。

3. 推动基层群众自治制度的落实，充分发挥社会力量预防化解矛盾纠纷

加强对村、居调解委员会的指导，将村民自治事项赋予基层自治组织决策和管理。对于户口迁出人员是否参与拆迁征地款的问题，诸暨市法院将之释明为基层群众自治事项，要求通过村民大会决议予以解决；引导社会力量参与化解，聘请"两代表一委员"（党代表、人大代表、政协委员）、在当地有一定威望并热心调解事业的现代乡贤、"枫桥大妈"以及心理学者等社会组织成员作为调解志愿者，不定期进驻法院调解，提高调解成功率。

诸暨市加强经费保障力度，将人民调解经费保障纳入市财政预算，推动市政府出台"以奖代补"政策，并实行分类考核，通过政府购买服务使诸暨市联调委在各法庭设立了分会，聘请了13名人民调解员。为了加强司法确认工作，诸暨市法院出台《关于加强人民调解业务指导工作的若干规定》《关于人民调解协议司法确认工作的若干意见（试行）》，与市公安局、市司法局联合下发《调解协议司法确认工作实施细则（试行）》，建立"1+5+27"诉调对接平台，即在市法院诉讼服务中心设立诉调对接中心、5个法庭设立诉调对接工作分中心、27个乡镇（街道）设立诉调对接工作站。统一认识、明确分工及职责、完善工作制度，保证了预防化解矛盾纠纷的效果。

❖ 诸暨市人民法院枫桥法庭各类调解室

4. 履行审判职能，有效发挥司法审判在基层社会治理中的作用

诸暨市法院实行团队制，通过案件繁简分流，提高审判质效。设立信访法庭，建立联动处理信访纠纷机制，有效化解信访纠纷。加强执行工作联动，较好地解决了"执行难"问题。

诸暨市法院打通了原先民一、民二、民三和金融庭之间的传统受案范围，构建起大民事审判格局，出台了《关于进一步加大案件繁简分流的若干规定》，整合立案庭和简案庭力量，专门成立诉讼服务中心，强化立案调解和简案速裁工作。对于立案后的案件，除法律规定不适宜调解的或者当事人明确拒绝调解的以外，一律由调解团队先行调解、再次过滤，调解不成的，实行繁简分流。简单案件包括事实清楚、法律关系明确的案件，诸如借贷纠纷、道路交通事故纠纷、损害赔偿纠纷等，由速裁团队进行速裁。其他重大、复杂、疑难的案件，作为繁案由业务庭作出判决。

诸暨市枫桥镇建立了"三诊"信访矛盾化解机制。"三诊"指镇党政班子成员"坐诊""出诊""会诊"以及督查考核，积极作为，直接面对信访问题，解决信访矛盾。"三诊"机制，构建了"门好进、人好找、事好办"的信访绿色通道，实现了有访必接、有接必办、有办必果，在绍诸高速公路建设过程等重大项目建设中，较好地解决了涉及村民拆迁等矛盾纠纷。

解决执行难的思路和措施是及时提醒并配合进行深入细致的思想工作，建立管教民警协助执行机制，设立院所联合化解工作室。诸暨市法院在27个乡镇街道设立执行联络室，结合"一张网"工程联合化解执行积案，发挥枫桥镇"红枫义警"等志愿者作用，助推执行案件快速执结。将执行工作的重心放在平时，加强日常执行工作是诸暨法院运用"枫桥经验"解决执行难的有益探索。

❖ 诸暨市人民法院诉讼服务中心

三、启 示

第一，坚持党的领导，主动将法院工作融入全面深化改革大局。党的领导是中国特色社会主义最本质的特征。坚持党对一切工作的领导，发挥党总揽全局、协调各方的领导核心作用，是各项事业取得成功最根本的政治保障。诸暨市法院自觉把创新发展"枫桥经验"融入全省全市工作大局，积极加入省委省政府"最多跑一次"改革，主动对接市委整体工作部署，不仅得到了各级党委政府以及各相关部门的大力支持和通力协作，还极大地促进了法院各项工作的整体升级和快速发展。诸暨市出台行政调解、人民调解和司法调解衔接意见，"枫桥式"法庭创建行动不断取得新进展，法院为当地经济社会发展提供有效司法保障的作用更加突出。

第二，坚持依法履责，实现基层司法参与社会治理的职能。基层法院在推动社会治理重心下移、实现政府治理和社会调节、居民自治良性互动中具有重要作用。诸暨市法院始终坚持履行审判职能，大力提升审判质效，充分发挥司法维护社会公平正义"最后一道防线"作用；同时依法加强对人民调解的业务指导和技能培训，不断健全诉调对接制度机制，支持社会组织参与纠纷解决。在完成审判执行工作任务的前提下，坚持"不错位、不越位、不缺位"，适度延伸职能，创新履职方式，将派出法庭打造成为基层治理的"桥头堡"，大力整合基层社会纠纷解决资源，推动矛盾纠纷源头化解，有效改变了法院在纠纷解决工作中的"独舞"局面，推动形成各方面力量共同参与纠纷解决的全新格局。

第三，建立系统集成的现代纠纷解决体系。加强社会治理制度建设，必须做到社会协同、公众参与、形成合力，不断提高社会治理的水平。诸暨市基层群众自治调解组织发达、覆盖面较广，群众纠纷解决观念对非诉讼渠道相对容易接受，社会文化心理总体有利于矛盾纠纷多元化解。诸暨市法院紧紧抓住这一有利条件，充分发挥人民法院在纠纷解决体系建设中的引领、推动、保障作用，通过建立法官联系乡镇制度、配合社会治理"一张网"工程等，形成全覆盖、网格化的调解指导体系，将纠纷化解关口前移。大力建设从村居、到调解组织、再到法院特邀调解、最后诉讼裁判的纠纷解决体系，实现"分层递进、多级过滤、稳妥有序、司法最终"，确保矛盾就地化解，巩固了司法在纠纷解决体系中的"压舱石"作用。

第四，坚持价值引领，将社会主义核心价值观融入司法审判实践。完善社会治理体制，必须立足于当地社会民情，重视社会主义核心价值观的引领作用。诸暨市历史悠久，乡贤文化影响力较强，民风敦厚淳朴，"和合"思想深入人心。诸暨市经济社会发展程度较高，是中国百强县市、浙江省十强县市，文化底蕴深厚。当地群众自治意识强，社会组织程度高，在乡镇街道、产业组织、行业协会、重点企业、外来人口聚居地等均建立了自治性调解组织。诸暨市法院充分认识到社会文化和价值观念在纠纷解决中不可替代的巨大作用，积极引导乡贤、族老，将急公好义、回馈乡里的优秀品质转化为化解群众矛盾、做群众工作的巨大热情，大力支持群众自治组织开展工作，有效实现了法治与德治、法律规则与道德规范的有机结合。

基层社会治理体系和治理能力现代化

点评

人民法院依法独立行使审判权。将审判活动融入国家和社会治理体系，追求良好的社会治理目标，依法化解矛盾纠纷，保护公民、法人的合法权利，是司法机关的重要职能。加强基层司法，通过诉调对接、基层法院指导人民调解业务等工作，就地化解矛盾纠纷，才能为司法公正创造良好环境和条件。发挥基层人民法院预防和化解矛盾纠纷的优势，作为维护社会公正最后一道防线和在矛盾纠纷多元化解机制中的引领、规范、保障等作用，有助于更好践行习近平新时代中国特色社会主义思想，体现"枫桥经验"党建引领、人民中心的本质特征和社会主义核心价值观的要求。

思考题

1. 如何正确理解基层人民法院的职能？
2. 司法建议对履行审判职能作用如何？

提高基层社会矛盾纠纷多元化解能力

"重视化解农村社会矛盾，确保农村社会稳定有序。提高预防化解社会矛盾水平，要从完善政策、健全体系、落实责任、创新机制等方面入手，及时反映和协调农民各方面利益诉求，处理好政府和群众利益关系，从源头上预防减少社会矛盾，做好矛盾纠纷源头化解和突发事件应急处置工作，做到发现在早、防范在先、处置在小，防止碰头叠加、蔓延升级。要学习和推广'枫桥经验'，做到'小事不出村，大事不出镇，矛盾不上交'。"

——2013年12月，习近平同志在中央农村工作会议上讲话

"要推进社会治理现代化，坚持和发展'枫桥经验'，健全平安建设社会协同机制，从源头上提升维护社会稳定能力和水平。"

——2019年1月21日，习近平同志在省部级主要领导干部"坚持底线思维 着力防范化解重大风险"专题研讨班开班式上发表重要讲话《提高防控能力着力防范化解重大风险 保持经济持续健康发展社会大局稳定》

重视基层社会治理的能力建设

发挥各类社会主体的积极性、主动性、创造性，形成合作共治的科学治理体系，切实提高治理能力，是基层社会治理现代化的必然要求。党的十九届四中全会、五中全会对提高"共建共治共享"的社会治理能力提出了要求。作为基础社会治理样本的"枫桥经验"在近60年的发展历程中，围绕治理能力提升进行了大胆的实践和探索，取得了显著的效果。在"枫桥经验"治理实践中，治理体系的规划能力、治理结构的生成与运行能力、治理过程的监管能力、治理效果的评价能力和治理目标的回溯能力，构成了完整的治理能力结构，多元主体、多元参与、多元文化、多元价值、多元规则、多元评价是"枫桥经验"的显著特点。

一、背 景

基层社会治理中需要各类主体职责明确，党委规划领导统筹协调，政府服务管理到位，群众自治真正落实。宏观设计、中观推动、微观落实有机结合，相互促进，相得益彰，注重长期目标，建立长效机制，实现长治久安。基层社会治理作为社会治理的组成部分，必须嵌入国家治理、政府治理和社会治理体系之中。基层政府应当充分发挥积极性、主动性和创造性，根据地区实际，发挥自身优势，推动治理体系和治理能力现代化。

二、做　法

1. 提高治理体系的设计能力

规划基层社会治理体系涉及两对关系：一是政府管理和基层群众自治的关系，即政府他治和基层群众自治的关系，保证多元治理主体有序参与，调动各个方面的积极性，发挥各自的主动性。二是政府管理和行业自我管理的关系，即政府他治和行业自治的关系，在加强政府服务管理的基础上，推动行业自我管理，实现行业标准的建设和执行，提升行业管理水准。

诸暨市先后提出了三种不同的关于基层社会治理模式。其一，全方位、多要素、过程性的治理模式。诸暨市委、市人民政府《关于深化"平安诸暨"建设的实施意见》（市委〔2014〕19号文件）提出了强化"源头治理""综合治理""系统治理""依法治理"的工作任务。其二，改善核心要素、核心环节和核心方式的治理模式。诸暨市委《关于创建发展"枫桥经验"全面深化法治诸暨建设的意见》（市委〔2015〕21号文件）提出："坚持系统治理、依法治理、综合治理、源头治理，丰富深化'枫桥经验'的法治内涵，提高社会治理法治化水平。"其三，路径、手段和目标相互协调的治理模式。诸暨政法委提出了"五治一体"社会治理新模式，即："共治、法治、德治、自治、善治"为内容，"共治为要，法治为本，德治为先，自治为基，善治为上"。治理模式是治理体系的具体化，设计出明确的、体现地方特色的治理模式，是完善治理体系、提高治理能力的核心内容。

2. 提高治理结构生成与机制运行的能力

诸暨市形成了党政领导、综治协调、部门负责、社会协同、公众参与、法治保障的治理结构,通过"四个平台"建设,加强党委的领导作用,使各类治理主体之间相互协调、配合,形成合力。建立了健全、科学、有效的基层社会治理运行机制,从源头上预防化解矛盾纠纷,未雨绸缪,防微杜渐,以减少治理成本,减轻治理难度。

诸暨市委办公室、市政府办公室《关于加强镇乡(街道)"四个平台"建设 完善基层治理体系的实施意见》(市委办〔2017〕34号文件)明确提出"四个平台"建设任务,即综治工作、市场监管、综合执法和便民服务,整合了乡镇政府的力量,避免了条块分割、推脱扯皮、职责混乱、效率低下等弊端,通过合作治理,实现了服务效果的最大化。

基层社会治理体系从其涵盖的范围而言,包含了基于合作治理思想的基层社会治理中党委、政府、基层群众分工协作、共同参与的三类主要事项:党委规划领导事项、政府服务事项和群众自治事项。三种事项均有其各自的运行机制。其中,党委领导事项和政府服务事项的工作机制主要有:"四前工作法""四先四早工作机制""三项机制""两网"支撑机制等。"四前工作法"指"组织工作走在预测前,预测工作走在预防前,预防工作走在调解前,调解工作走在激化前"。"四先四早工作机制"指"预警在先,苗头问题早消化;教育在先,重点对象早转化;控制在先,敏感问题早防范;调解在先,矛盾纠纷早处理"。三项机制包括:统筹协调机制、工作闭环管理机制、条块力量融合机制。两"网"支撑包括深化网络化管理,建立全科网格;依托"互联网+"推动智慧治理。科学有效的基层社会治理运行机制，保证了治理的良好结果，最大限度实现了社会和谐有序。

3. 提高参与决策和实施监督的能力

参与重大事项的决策和监督实施能力，是指村民（社区居民）参与村（居）事务管理并监督村级（社区级）自治组织管理活动等能力。充分发挥各类自治组织的作用，尤其是村民委员会（居民委员会）在村级事务管理中的作用，前提是村民的决策参与权能够得到保障。村落、社区是公共生活的基础单元，在充分发挥政府服务的同时，要提高基层群众自治组织的自我管理能力，落实民主决策、民主管理和民主监督。

诸暨市政法委提出基层社会治理示范点建设方案，以"四个三"为内容，提升、培育基层群众自治水平，即创建三个项目：孝德示范村、民主法治村、美丽精品村；搭建三个平台：文化礼堂、乡村客厅、村民服务中心；完善三个机制：村规民约自律机制、模范家庭评定机制、先锋党员评议机制；建立三个组织："红枫"党员义工队、乡贤议事会、"老娘舅"调解会。实施民主治村，通过细化群众自治事项，汇聚群众智慧，搭建治理平台，实现民主决策，保证了良好的治理效果。

诸暨市全面开展党建显性工程，开展市镇干部"进村赶考"专题活动，持续开展"返乡走亲"和"民情大走访"活动。实行村干部选举、任用的"四不"承诺制度、创业承诺动态公示制度、村主职干部实绩考核制度和村干部问责办法。"四不"承诺，即：不承包涉及本村所有项目、不违规干预和插手本村工程建设、不违规发展党员、不履职就辞职。承诺不仅明确，而且向社会公开，接受监督。

❖ 诸暨市枫桥镇枫源村"红枫"党建

❖ "老娘舅"在线调解

4. 提高治理效果的评价能力

"由人民来评判"要求基层社会治理中必须重视评价机制建设。"枫桥经验"民主评议干部、服务对象评价服务效果、量化考核等制度，有助于实现基层社会治理取得实效。基层社会治理应当重视源头治理、综合治理、长效治理和依法治理的有机统一，避免"头痛医头脚痛医脚"。

绍兴市委办公室、绍兴市人民政府办公室于2017年6月10日印发的《关于打造"枫桥经验"升级版建设"平安中国示范市"实施计划（2016—2018）》（绍兴市委办发〔2017〕49号文件），提出了深化基层文明创建的三个具体项目：实施移风易俗深化行动、实施文明村镇提质行动和建立公民信用体系。其中，移风易俗深化行动的目标任务是：出台和实施《绍兴市文明行动促进条例》，开展"创文明交通、治秩序乱象"等系列行动，全面建立村（社区）环境卫生门前责任制度和节庆活动指导备案制度。文明村镇提质行动的目标任务是：加强文明集镇创建测评，落实文明单位结对共建活动。建立公民信用体系的目标任务是：将垃圾分类、污水治理、卫生整洁、交通秩序、生产经营等内容纳入信用评价内容，探索建立信用积分激励惩戒制度。

公民能力建设是基层社会建设的重要内容。"枫桥经验"通过村级民主议事制度、村规民约制度、村民代表大会制度等基层民主建设，激发了公民的参与热情。基层自治组织建设、志愿者活动等，都与公民素养的提高呈直接的正相关。

5. 提高治理目标的回溯能力

目标回溯能力指治理的全过程、全方位均以实现善治目标为导向，坚持以人为本，实现人的解放。"枫桥经验"通过追求善治目标，多元主体共治方式，实现自治、法治、德治的有机结合。

诸暨市建立了相应的体制、机制，明确治理标准，凝聚治理共识；通过党委、政府、社会组织、公众个体等密切合作，取长补短，形成治理合力；通过党建引领、政府采购，引导各类治理主体充分发挥作用，释放社会活力；在村落（社区）文化、企业文化及校园文化中，融入公民教育的内容。

诸暨市依法保障群众知情权、参与权、决策权和监督权；建立健全各类制度，通过村民代表大会制度、村规民约、社区公约、家训等，为城乡村（居）民提供行为的规范和守则，实行合规治理；实行源头治理，通过孝德文化、公民信用体系建设、红黑榜制度等，弘扬正气，引领社会风尚。治理目标的回溯能力，保证了治理的长效性，实现了良法善治治理目标。

三、启　示

第一，县域为单位的治理，更加具有针对性和可操作性。诸暨市委办公室、政府办公室《关于坚持发展"枫桥经验"推进乡村治理现代化的实施方案》（市委办〔2015〕71号文件）提出："加快建立整体联动的基层社会治理组织体系、立体化的社会治安防控体系、全覆盖多元化的社会矛盾化解体系、向上向善的乡村文化价值体系、普惠化的法律服务保障体系。"由此可见，基层社会治理组织、社会治安防控、社会矛盾化解、乡村文化价值、法律服务保障5个方面构成了"枫桥经验"的基层社会治理体系，其治理目标是明确的。

第二，通过综合治理的治理结构实现治理效益的最大化。基层社会治理事项的广泛性和复杂性决定了必须实行综合治理，在科学划分治理事项范围、明确各类主体的责任的同时，综合协调是实现治理效果的关键。综合治理追求的是治理的整体性，避免碎片化。只有通过综合治理途径，加强综合协调、组织保障、财政

基层社会治理体系和治理能力现代化

支付,才能实现治理效果最大化。

第三,实现政府决策科学化、社会治理法治化、社会服务高效化,进而实现基层社会治理现代化,需要有强大的治理能力与之相匹配。基层社会治理能力的提高,有赖于国家和政府身先垂范,对国家和政府治理进行宏观设计,明确服务原则、提出服务标准、追求良好治理效果。另外,社会组织参与社会治理的能力提高,还有赖于各级政府提供财政和政策的支持,有利于明确的引导、监督和制度规范。治理能力的提高是一个整体的、动态的过程,需要长期持续努力。

点 评

治理能力和治理体系具有同等重要的地位。治理能力是有效治理的前提和基础,治理能力的提升是一个动态的过程。基层社会治理对能力的要求是综合的、系统的、全面的,既有对治理目标的设计能力,也有实施治理手段、方法的灵活应用能力,还有对治理过程不断反思、评估、改革和完善的能力。基层治理现代化对治理体系和治理能力提出了全新的要求,只有全方位、全领域、全过程的治理能力提升,才能满足治理体系现代化的要求。提升治理能力、改善治理结构,将对实现治理效能最大化产生积极的推动作用。

思考题

1. 如何提高基层群众民主参与决策的能力?
2. 如何理解治理能力现代化的标准?

发挥人民调解制度的功能

人民调解，是人民调解委员会通过说服、疏导等方法促使当事人在平等协商基础上自愿达成调解协议、解决民间纠纷的活动，是诉讼外化解矛盾、消除纷争的重要方式，也是维护社会和谐稳定的"第一道防线"，被国际社会誉为"东方经验""东方之花"。诸暨市充分发挥人民调解制度在完善基层社会治理体系、建设和谐社会建设方面的功能，形成了人民调解的"枫桥经验"。党的十九届四中全会要求："坚持和发展新时代'枫桥经验'""完善人民调解、行政调解、司法调解联动工作体系"，党的十九届五中全会进一步强调，"正确处理新形势下人民内部矛盾，坚持和发展新时代'枫桥经验'""完善各类调解联动工作体系"。

一、背　景

以人民调解委员会的形式组织和开展的人民调解是在抗日战争时期的陕甘宁边区孕育和生长的，新中国建立之后被规范化和制度化。2010年《人民调解法》的出台标志着我国人民调解制度步入了法治化的快速发展时期。

20世纪90年代至21世纪初期，为了预防和化解社会矛盾纠纷，诸暨市对人民调解委员会及其工作进行了全覆盖的规范化、制度化和标准化建设，并因地制宜地创新出调解工作的很多机制和方法。2008年之后，随着"枫桥经验"的发展，诸暨市的人民调解委员会调解模式也步入创新发展的时期。尤其是2010年以后，作为全国35家社会管理创新综合试点单位之一，诸暨市开始探索并积极构建"大调解"体系。2015年，诸暨市在健全基层人民调解组织的基础上加强社会化调解组织建设，推进乡贤志愿者、新闻媒介、仲裁员等多元力量参与人民调解，并开展政府购买服务、调解类社会组织孵化等社会化运作，又于2016年加强人民调解志愿者队伍建设。2017年，诸暨市司法局构建以人民调解为基础，由政府、社会和专业力量共同参与的"人民调解+专家、品牌、志愿、联动、互联网"模式。

目前，诸暨市的人民调解已由单一调解向多元调解发展，打造了以人民调解委员会调解为基础，行政调解、司法调解、律师调解以及在"人民委员会调解+专家、品牌、志愿、联动、互联网"过程中形成的多类调解相互衔接或者配合，传统方法与现代方式结合的高效化解矛盾纠纷的体系、机制和方法，充分发挥了人民调解在基层社会治理中的作用。

二、做 法

1. 建设了纵横交错的预防化解矛盾纠纷的调解网络体系

建设纵向调解网络体系。诸暨市已设立村、社区人民调解委员会533家，企事业单位人民调解委员会149家，以便做到"哪里有矛盾，哪里就有调解组织"。诸暨市村（居）人民调解委员会的主任由村党支部书记或村主任兼任，调解员大部分由村两委成员担任；通过加强了专、兼职人民调解队伍建设，吸引一些退休干部、律师等也加入调解队伍。诸暨市27个乡镇（街道）也已全部设立了人民调解委员会，指导协调并包案化解重大矛盾纠纷。乡镇（街道）人民调解委员会按照乡镇（街道）人口规模大小配备2至5名专职人民调解员。诸暨市还建立了市调解工作指导中心和市调解总会"一官一民"的管理组合。市调解工作指导中心负责市社会矛盾纠纷"大调解"体系建设领导小组日常工作，指导管理全市人民调解组织、专业调委会建设，联系协调调解的各项工作，负责对市调解总会的业务指导，组织开展矛盾纠纷排查调处，及时向上级报告重大社会矛盾和难点纠纷情况，总结交流调解工作经验、开展调解理论研究和调解文化建设。市调解总会是诸暨市为统合全市人民调解的力量，在乡镇（街道）设立有分会。

建设横向调解网络体系建设。诸暨市建立了行业性专业性人民调解委员会、人民调解工作室、品牌人民调解工作室、人民调解志愿者队伍建设，形成了横向调解体系。

一是行业性专业性人民调解委员会建设。转型时期的社会矛盾纠纷呈现出复杂化和专业化趋势，为应对这种情况并有效解决矛盾纠纷，诸暨市逐步建立起涵盖了多个领域的行业性专业性人民调解委员会，解决矛盾纠纷效果明显。尤其在道路交通事故、医疗纠纷和婚姻家庭纠纷三个行业领域，人民调解更是发挥了纠纷解决第一道防线和主渠道的作用。

二是人民调解工作室建设。诸暨市加强行政调解与人民调解的联动，在17家公安派出所设立20家人民调解工作室，通过警调有效衔接解决派出所分流出的一般矛盾纠纷。此外，诸暨市还积极在法院立案庭和基层法庭建立诉前人民调解室，对当事人实行劝调制；在乡镇检察室导入人民调解工作，实现检察工作与人民调解工作的互动互进。

三是品牌人民调解室建设。诸暨市在健全调解网络的基础上，充分发挥人民调解员个人素养和人格魅力，创建了以枫桥老杨调解中心、暨阳江大姐调解室、璜山老朱调解室等为代表的30个品牌人民调解室。这种调解"品牌化"战略既夯实了人民调解在大调解工作中的基础性地位，也有效维护了基层社会的和谐稳定。

❖ 在老杨调解中心，当事人经调解达成一致，握手言和

人民调解志愿者队伍建设。在市级层面，市人民调解志愿服务工作办公室协调招募现职或退休党员干部及专业人士，建立市级人民调解志愿服务中队；在镇级层面，乡镇（街道）综治办牵头，司法所组织协调，建立了由德高望重的乡贤、各类"土专家"和具备一定调解技能的人民调解员组成的人民调解志愿者中队；在村级层面，建立了由在职或者退休村干部、农村法律顾问、村级乡贤、老党员、老干部、村民代表、热心群众等组成的人民调解志愿者服务小分队。此外，诸暨市还不断探索党代表、人大代表、

政协委员等参与调解的工作机制，吸收公道正派、热心人民调解的社会贤达、大学生村官、人民陪审员、退休政法干部、法律工作者以及不同行业的社会志愿者加入人民调解员队伍。

2. 建立了"属地管理"和"行业管理"相结合的调解工作机制

联合排查预警机制。诸暨市实行村（居、企）级矛盾纠纷网格化管理，按照"属地管理"和"行业管理"的原则开展情况排查，对排查出来的矛盾纠纷信息第一时间上报和预警，之后对可能导致矛盾纠纷的潜在因素要采取有针对性的防范措施，并认真分析研究已出现的矛盾纠纷，商讨解决方案，落实调解人员。乡镇（街道）联合调解室根据需要定期、不定期地召开矛盾纠纷排查调处工作例会，分析矛盾纠纷发生发展的规律与特点，研究矛盾纠纷的解决方法，对可能引发重大治安问题和群体性事件的矛盾纠纷或苗头进行个案研究，把矛盾消灭在萌芽状态。

甄别疏导化解机制。乡镇（街道）大调解工作平台应对照矛盾纠纷受理范围，认真开展源头甄别和疏导，实施综合研判、个案分流。对一时无法确定矛盾纠纷受理部门的，由乡镇（街道）大调解工作平台组织联合会审甄别后，确定责任部门移交处理，并对纠纷处置情况进行跟踪指导、督促办结，对承办结果进行适用依据、文本规范、处置效果等方面的评估。构建心理疏导机制，设立心理咨询工作室，对涉及心理需求的矛盾纠纷，从人文关怀和心理疏导入手，运用心理疏导技能打开当事人的心理症结，从当事人内心解开心结，化解矛盾。

镇村联动机制。镇村联动机制是在镇与村两级调解组织之间所建立的纠纷快接、快调和移送制度。矛盾纠纷发生时，村级人民调解员首先要及时受理，快速调处。对调处不成或难度较大的

基层社会治理体系和治理能力现代化

矛盾纠纷,调解人员要签具调解意见书,填好纠纷移送单,连同有关资料一起迅速移转给镇人民调解委员会。镇调委会把纠纷的调处情况用书面形式在司法所业务会议上通报反馈,研究解决的办法并作出处理决定,从而形成了上下联动、逐级化解矛盾纠纷、共保社会稳定的格局。

多调衔接联动机制。为了提高预防化解社会矛盾纠纷水平,促进社会和谐稳定发展,诸暨市建立了人民调解与行政调解、司法调解、仲裁调解、信访调解等多种调解相互配合的多调衔接联动机制。一方面,通过调解联合会塑造调解文化,规范调解程序,从整体上提升调解员的素养,赢得社会认同。另一方面,通过诉调对接机制,对于需要人民法院司法确认的调解协议,人民法院免费予以确认,赋予强制执行的效率。多调衔接联动机制有助于整合调解资源并形成工作合力,并及时有效地化解社会矛盾纠纷。

❖ 诸暨市人民法院枫桥人民法庭人民调解劝导书

三、启　示

第一，人民调解委员会调解是化解矛盾纠纷的基础和主干。人民调解的"枫桥经验"重视并充分发挥人民调解委员会在基层社会治理中化解矛盾纠纷的前端性作用，夯实传统村（居、社区）人民调解委员及其调解工作的基础地位。为此，诸暨市不断健全完善和改进各级人民调解委员会的组织、工作机制和方法的建设，并在各乡镇设立了直属司法所以加强对基层人民调解委员会工作的指导，还进行了拓展和深化人民调解委员会调解的各种探索实践。通过发展人民调解委员会并将人民调解委员会调解的传统模式与现代模式相结合，预防并及时化解矛盾纠纷，诸暨市的人民调解为创造稳定的社会治理环境发挥了相当大的作用。

第二，党委领导、政府推动、社会协同、公众参与、法治保障使人民调解制度能充分发挥作用。在人民调解"枫桥经验"的形成过程中，诸暨市党委的领导与政府的负责推动在其中发挥了关键和重要的作用。2008年以来，诸暨市委、市政府联合或者诸暨市政府单独就人民调解体系的建构发布了很多重要的规范性文件，对推动和促进人民调解的发展发挥了极大的推动和促进作用。2012年，诸暨市委、市政府还成立了社会矛盾纠纷"大调解"体系建设领导小组并设立领导小组办公室，以及在司法局设立市调解工作指导中心。各乡镇（街道）、相关部门（单位）也要求成立相应的组织机构，由党政一把手担任"大调解"工作的第一负责人，指导协调和包案化解重大矛盾纠纷，使人民调解体系建设工作得以迅速推进。为保障人民调解工作的顺利开展，除了要求财政落实人民调解工作的指导经费、人民调解委员会补助经费和人民调解员补贴经费以外，诸暨市还要求乡镇（街道）、村（居、社区）、企事业单位和其他组织要为人民调解委员会解决好工作场所、办公设施，行业主管单位和社会团体要为其设立的行业性专业性人民调解组织提供办公条件和必要的工作经费等。

第三，在党的领导下基于当地的风土民情不断创新发展。没有创新，诸暨市的人民调解不可能发展，更不可能成为人民调解的"枫桥经验"。人民调解的"枫桥经验"最初是诸暨市人民基于当地矛盾纠纷的特点，根据不同时期社会治理的问题和解决要求，对人民调解的工作方法或方式所作的创新。如1993年，诸暨市推广枫桥紫薇村抓"四前"的经验，即：组织建设走在工作前、预测工作走在预防前、预防工作走在调解前、调解工作走在计划前；1999年，诸暨市人民调解工作实行"分级调处，归口落实"的分归制度，建立联村干部包村、村调解干部包户的工作模式。之后，诸暨市人民调解在建立多元的社会矛盾纠纷解决探索中的工作机制以及制度建构也开始不断创新。

提高基层社会矛盾纠纷多元化解能力

点　评

　　人民调解是中国共产党人自第二次国内革命战争时期以来打造和锤炼的化解矛盾、解决纠纷的基本模式和手段，现已成为我国组织和发动民众自我化解社会矛盾纠纷的一项重要制度。诸暨市政府在党的领导下，夯实人民调解委员会调解矛盾纠纷的基础地位，动员和组织国家和社会各方力量，将人民调解委员会的调解与行政调解、司法调解、检察工作、仲裁工作、信访工作、社会组织或团体、专业机构或队伍、行业组织及其人员以及志愿者相互衔接，相互配合。矛盾纠纷多元化解体系和机制，在有效地预防、化解矛盾纠纷，维护社会和谐稳定等诸多方面发挥了重要的作用。

思考题

1. 请谈谈你对人民调解的"枫桥经验"的认识。
2. 请谈谈你对坚持和发展人民调解的"枫桥经验"的认识。

基层社会治理体系和治理能力现代化

发挥行业调解的作用

行业调解又称"行业性专业性调解",是对特定领域或行业发生的具有行业性特点或专业性较强的社会矛盾纠纷开展的专门或专业化程度较高的调解活动,包括人民调解、行政调解以及行业协会、商事组织等进行的调解。行业调解具有专业性强、成本低、对抗弱等特点。行业调解是行业治理的有机组成部分,是维护行业服务和质量标准、提供高质量服务和产品的前提条件。

一、背 景

在我国,不断加强具有行业性或专业性的行业建设,既是我国经济关系和社会关系发展的需要,也是实现国家治理能力和治理手段现代化的要求。改革开放之后,随着经济体制改革、观念变化、社会关系结构性转变,合同、生产经营、劳动争议、征地拆迁、环境污染、医疗纠纷、交通事故损害赔偿、旅游、物业等纠纷纷至沓来,社会矛盾纠纷较之前呈现出样态复杂、人员跨地、群体化且易激化等特点。为了化解这类矛盾纠纷,除了人民调解、行政调解外,还要充分发挥商事组织、行业协会、民间商会、企事业单位、社会团体和公益组织的作用。

作为"枫桥经验"的发源地,诸暨市从 2008 年就开始建设行业性专业性人民调解组织,在充分发挥人民调解"低成本、不伤感情"的优势化解行业纠纷的同时,还积极推动人民调解、司法调解、行政调解与其他社会化组织调解的联动。2008年12月,诸暨市建立市医疗纠纷人民调解委员会,调解市内医疗机构发生的各类医疗纠纷;2010年6月,诸暨市劳动争议人民调解委员会在市人社局设立了人民调解组织,调解因劳动报酬引起的纠纷和劳动人事争议;同年7月,诸暨市成立了市婚姻家庭纠纷人民调解委员会,主要调处婚姻家庭纠纷。2012年8月,为了应对交通事故激增的情况,诸暨市成立了市道路交通事故人民调解委员会,主要针对因交通事故引发的财产纠纷和人身损害赔偿纠纷进行调解。此外,诸暨市还成立了市物业纠纷人民调解委员会、市电力纠纷人民调解委员会、市消费纠纷人民调解委员会,并在纺织服装协会、袜业协会、珍珠产业协会、五金管业协会、装修业协会建立了5个行业调委会。这些行业性专业性人民调解组织为解决特定领域或行业的社会矛盾纠纷发挥了重要作用。

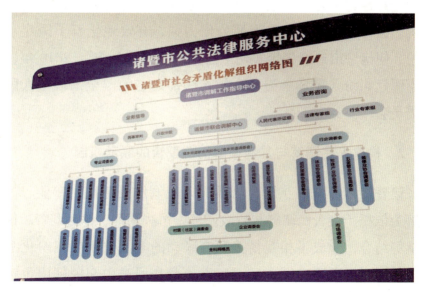

❖ 诸暨市社会矛盾纠纷化解组织网络图

二、做　法

1. 以人民调解为基础

诸暨市以人民调解为基础建立的行业性专业性人民调解组织发展很快。如为有效解决医疗纠纷，诸暨市于 2008 年 10 月出台《诸暨市医疗纠纷预防与处置办法》，引入人民调解，成立了浙江省首家在县级市设立的医疗纠纷人民调解——市医疗纠纷人民调解委员会，并首创医疗风险基金制度且在全省推广。市医疗纠纷人民调解委员会在患方与医院、患方与政府之间搭建了沟通平台和缓冲通道，改变了以往卫生行政部门主导调解倾向于保护医院利益的局限。从 2015 年至 2019 年底，诸暨市所发生的 58 起医疗纠纷全部通过医疗调解委员会调解解决，没有一起起诉到诸暨市法院。医疗调解委员会在当地公信力强，有效地化解了医疗矛盾纠纷，使诸暨市连续多年实现了医疗纠纷"零上访"。2010 年，诸暨市医疗纠纷人民调解委员会被司法部命名为"全国模范人民调解委员会"。

2. 构建人民调解与其他调解衔接配合的联动机制

诸暨市以传统村（居、社区）人民调解为基础，专业、行业调解为依托，将人民调解与行政调解、司法调解、仲裁调解、信访调解等结合，形成了相互衔接配合联动的多元化矛盾纠纷化解机制。如诸暨市道路交通人民调解委员会在原来由交警部门负责行政调解、法院进行司法调解的基础上，引入道路交通事故人民调解工作机构，使矛盾纠纷更为有效地化解在人民调解、行政调解与司法调解的联动下；又如国网浙江诸暨市供电有限公司（以下简称"诸暨市电力公司"）与司法局联合组建诸暨市电力纠纷人民调解委员会，成立了电力调解室，聘请司法、律师和诸暨市调解志愿者联合会专家担任人民调解员，引入第三方力量，妥善化解各类涉电矛盾纠纷。2012年起，诸暨市电力公司选聘供电所的一线员工担任"电力老娘舅"。电力老娘舅们根据自己的工作区域，定期上门沟通并且公布联系号码，使用电主体能够及时联系到自己，从而及时化解涉电矛盾纠纷。

❖ 组建"电力老娘舅"队伍，就地解决矛盾，维护社会稳定

3. 打造行业性专业性人民调解员队伍

诸暨市重视专门或专业的人民调解员队伍建设，始终坚持

"以专为主、专兼结合"的方针，积极组建专业性调解员队伍。对专职调解员每年开展业务培训，实行等级评定并发放人民调解工作证。医疗纠纷人民调解委员会现已组建具有医学、法学等专业知识的专职调解员队伍，聘请乡镇调委会和综治中心人员作为兼职调解员，建立专兼结合、优势互补、结构合理的人民调解员队伍。此外，医疗纠纷人民调解委员会还聘请医学、法学专家成立专家库，以独立第三方的身份，提出客观评估意见，保证人民调解的专业性。道路交通事故调解委员会聘请的专职调解员，需要接受为期一周的上岗培训，进行半年时间的市交警大队分组轮岗实习，确保处理交通事故纠纷的能力和水平。目前，诸暨在市级层面吸纳医疗卫生、法律服务、心理咨询等10个领域的106名专业人士，组建"十大百名"人民调解志愿者，通过"点单""派单"形式使他们协助开展重大疑难纠纷的联合会商和指导化解。

4. 完善相关制度和保障措施

以制度建设为先。针对医疗事故专业调解，诸暨市早在2008年10月就出台了《诸暨市医疗纠纷预防和处置暂行办法》《关于建立诸暨市医疗纠纷人民调解委员会的工作意见》，要求卫生、司法行政、公安、财政和法院等部门密切配合，齐抓共管，为有效化解医疗纠纷提供强有力的支持。针对交通事故专业调解，诸暨市先后出台了《关于建立诸暨市道路交通事故调解中心的通知》《道路交通事故案件流转程序及各类案件材料要求的有关规定》，建立了高效、便捷的纠纷处理流程和规范的运作制度。

建立规范公正的行业调解程序。通过制度化、规范化、法治化来确保人民调解员以第三方身份开展调解并取得实效。如道路交通事故调解将案件分为四类：现场解决案件、简易程序案件、一般程序案件、重大事故案件，按照"统一受理、审核登记、分类移交、案件处理、分类归档"进行运作，工作流程是"统一受理登记，分组调解，按时销案，统一编号归档，定期回访"。行业调解从注重效果出发设计出"纠纷调解反馈表"，使当事人有机会对纠纷调解的效果进行评价；对于调解成功的，当场签订调解协议，并督促当场兑现。对于涉及分期给付的，引导双方当事人申请司法确认，并通过电话回访等形式，跟踪了解协议的履行情况，巩固调解成果。一般事故1至2小时解决，重大事故2至3天结案。

重视人民调解组织所必需的经费保障。如对人民调解工作实行"以奖代补"政策，并随着经济发展水平的不断提高细化"以奖代补"标准，后又提出要通过政府购买服务的形式保障全市专职人民调解员的经费。这些措施对调动人民调解员的积极性、实现人民调解员队伍年轻化、吸引更多有能力的人加入人民调解组织无疑具有非常重要的意义。

5. 发展"在线"调解

诸暨市自2018年初开始依托"诸暨市公共法律服务网""社会矛盾纠纷多元化解平台"等线上平台，全面开展在线矛盾纠纷多元化解工作，尤其是依托"互联网+"探索推进矛盾纠纷解决领域"最多跑一次"改革。目前，矛盾纠纷多元化解在线平台注册调解机构已达121家，注册调解员421人，其中包括13家行业性专业性人民调解组织。

三、启　示

第一，行业调解要立足行业规划不断创新发展。习近平总书记在党的十八届五中全会第二次会议上提出的新发展理念将创新置于首位，要求让创新贯穿党和国家一切工作，让创新在全社会蔚然成风。人民调解的"枫桥经验"因创新而成为全国的典范，要保持这种典范作用唯有继续创新发展。行业调解的"枫桥经验"以人民调解为基础，依托专业或行业的机构组织建立行业性专业性人民调解组织以及与其他调解形式的对接联动等，既是对人民调解制度的创新发展，也是对行业性、专业性调解的创新发展。这些创新丰富了诸暨市社会矛盾纠纷多元解决的内涵，也使行业调解"枫桥经验"得以不断发展。坚持和发展行业调解的"枫桥经验"意味着要打破旧有的僵化教条，不断探索行之有效的化解社会矛盾纠纷的行业性专业性调解体系、模式和机制。

第二，行业调解要体现行业特色和国际视野。随着中国城镇化建设、国际化交流的推进，诸暨市面对大量的农村人口转为城市居民、外来务工人员，也积极开展着对外合作交往。由于产业结构、人口构成以及生活、交往方式的变化或改变，诸暨市的社会矛盾纠纷会呈现出不同于以往的特点。如2015年诸暨市人民调解化解社会矛盾纠纷的类型中出现了旅游纠纷与电子商务纠纷，这是以前没发生过的。在这种社会情势变化面前，行业调解的"枫桥经验"的模式、体系、机制或方法等也必然要作出相应改变，这也是保持其特色的需要。

第三，行业调解要立足于有效防范化解行业风险。行业性专业性人民调解并非越多越好，应根据矛盾纠纷的数量及其解决需要而设。如果纠纷数量比较少，通过现有或传统的人民调解组织，聘请专业的或专门的人民调解员，应该也能有效地化解矛盾，并节约了治理成本。行业调解的"枫桥经验"也充分表明了这一点。诸暨市在构建行业性专业性人民调解委员会时坚持"成熟一个，发展一个，设立一个，运作一个，见效一个"，其所构建的行业性专业性调解组织在化解特定领域或行业的社会矛盾纠纷方面发挥了很大的作用。

点评

行业协会等社会组织所开展的调解活动在我国古已有之。改革开放以来，随着我国经济转型和社会关系的结构性变化，社会基本矛盾已由改革初期的生产力和生产关系之间的矛盾发展为人民对美好生活的向往与发展不平衡不充分之间的矛盾，社会纠纷呈现出复杂化和专业化特征。党的十九届五中全会提出："构建源头防控、排查梳理、纠纷化解、应急处置的社会矛盾综合治理机制。"立足于民间解纷方式并与人民调解、行政调解衔接所形成的、针对特定领域或行业的社会矛盾纠纷化解模式——行业调解，在解决专业性、专门领域社会矛盾纠纷方面能够发挥重要的作用。

思考题

1. 请谈谈行业调解在社会矛盾纠纷多元化解体系中的地位和作用。
2. 请结合实际谈谈你对加强行业性专业性人民调解工作的认识。

基层社会治理体系和治理能力现代化

打造品牌人民调解室

2018年12月4日晚，中央电视台2018年度法治人物正式揭晓，来自诸暨市枫桥镇的退休民警、"老杨调解中心"负责人杨光照获评2018年度法治人物，并出席颁奖典礼。组委会给杨光照的颁奖词为："奔走半生，归来时不泯信仰！只要人民呼唤，你会把自己再次点亮。那枫桥的智慧，又写下新的篇章。135本日记里，是你守望着的幸福家乡。你叫杨光照，你用人生注解这个名字，温暖，高尚！""老杨调解中心"是浙江省诸暨市坚持发展"枫桥经验"，持续开展品牌人民调解室和品牌调解员培育计划的一个缩影。

一、背 景

人民调解是一项具有中国特色的法律制度，是公共法律服务体系的重要组成部分，在矛盾纠纷多元化解机制中发挥着基础性作用。党中央、国务院历来高度重视人民调解工作，党的十八大以来，习近平总书记多次对人民调解工作作出重要指示批示，为新时代人民调解工作指明了方向。党的十九大指出："要加强预防和化解社会矛盾机制建设，正确处理人民内部矛盾"，党的十九届四中全会进一步强调："完善正确处理新形势下人民内部矛盾有效机制""完善人民调解、行政调解、司法调解联动工作体系"，党的十九届五中全会要求"完善各类调解联动工作体系，构建源头防控、排查梳理、纠纷化解、应急处置的社会矛盾综合治理机制"，这些都对新时期加强人民调解工作提出了新的更高要求。

"品牌人民调解工作室"作为传统人民调解组织社会化、再组织的产物，是推进人民调解专业化、发挥人民调解品牌示范效应十分重要的组织载体。2003年，国内最早的以个人名字命名的"李琴人民调解工作室"在上海成立。随后，浙江、江苏、四川等地也开始纷纷尝试。尤其是2011年5月12日《关于加强行业性专业性人民调解委员会建设的意见》的出台，推动了各地专业性、行业性人民调解组织的建立。近年来，诸暨市积极适应社会主要矛盾变化对人民调解改革提出的新要求，大力培育孵化特色品牌调解室，鼓励创立以个人或者团队命名的基层调解室，并通过以点带面释放品牌效应，形成了人民调解的"枫桥经验"。

二、做　法

1. 转变理念，发挥"头雁"引领作用

在坚持发展"枫桥经验"中，诸暨市司法局深深地体会到，人民调解工作的成效如何，主要在队伍、关键看"头雁"。为此，培植具有地区影响力的品牌调解员和品牌人民调解室，以点带面，从而带动引领当地人民调解员队伍和人民调解工作的创新发展，成为诸暨市司法局的共识。在总结以往人民调解工作经验的基础上，诸暨市通过精心挑选一批群众认可、有丰富调解工作经验的个人，培育形成品牌调解工作室。

以杨光照个人命名的"老杨调解中心"，正是诸暨市品牌人民

基层社会治理体系和治理能力现代化

调解室创建的一个缩影。2008年7月,在杨光照临近退休之时,"老杨调解工作室"在诸暨市枫桥派出所宣告成立。2010年,"老杨调解工作室"又升级为"老杨调解中心"。近年来,杨光照和他的调解团队先后被中组部评为"全国离退休干部先进集体",他本人被司法部聘为"全国人民调解专家",先后获"CCTV 2018年度法治人物"等荣誉。在杨光照先进典型的辐射带动下,诸暨市先后涌现出以"老朱调解室""江大姐调解室""娟子工作室"等一批以个人名字命名的明星调解室。截至2019年4月,该市共建立品牌调解室21家,命名品牌调解员31名。

❖ 2018年12月,枫桥镇"老杨调解中心"杨光照荣获"CCTV 2018年度法治人物"

2. 强化指导,健全内部运行制度

在诸暨市,各级党委的坚强领导、统筹推进,始终是人民调解工作不断创新发展、永葆青春活力的关键所在。早在2012年4

月，诸暨市委常委会会议上就提出要建立诸暨市调解总会，并明确会长由市级退休的正职领导担任。同年8月29日，经诸暨市编委批复同意，设立诸暨市调解工作指导中心。自2008年以来，诸暨市先后多次以市委、市委与市政府联合的名义等方式，从组织领导、工作职责、保障措施等方面就推进人民调解工作进行部署。比如，诸暨市政府于2008年、2015年先后出台了《关于实施人民调解以奖代补机制的意见》《关于调整人民调解"以奖代补"政策的意见》，财政上每年拿出经费，按照"以奖代补"的形式给予补贴。再比如，2017年7月17日，诸暨市司法局下发《关于开展人民调解员等级评定工作的通知》，就组织开展首次人民调解员等级评定工作进行部署。

此外，在品牌调解室建设中，品牌调解工作室均依托所在地乡镇（街道）、村（居）人民调解委员会或所属行业性、专业性人民调解委员会设立，出具的人民协议书均盖有所属人民调解委员会印章。关于品牌调解室调解场所则参照人民调解场所建设。诸暨市就有"五有""四落实""六统一"的规定，即：有办公场所、有牌子、有印章、有工作台账、有工作制度；组织落实、制度落实、工作落实、报酬落实；名称统一、印章统一、场所标识统一、徽章统一、工作程序统一、文书格式统一。同时，该市还建立了包括岗位职责、人民调解登记统计、调解文书档案管理、矛盾纠纷分析评估预测以及人民调解回访制度等在内的10余项运行管理和业务工作制度。可以说，从调解工作具体流程到人民调解员待遇、物质奖励等制度的建立，从调解工作台账到调解协议、案件卷宗制作等，都有明确具体的操作规范。

3. 加强协作，畅通对外衔接机制

在矛盾纠纷的调处化解中，品牌调解室经常要与司法行政部

门以及公安、检察院、法院等政法机关发生业务对接。因此，建立健全相互实践的衔接机制就显得尤为重要。其实，早在 2008 年 10 月，诸暨市委办、市政府办就制定了《关于建立人民调解与民事诉讼衔接联动机制的工作意见》，就"诉调对接"进行规定。2010 年 7 月，诸暨市司法局与市检察院联合印发了《关于轻伤害案件委托人民调解的若干意见（试行）》，将人民调解延伸到检察机关的审查起诉环节。2014 年 11 月，诸暨市司法局与市公安局联合制定了《全市公安行政调解与人民调解对接工作实施细则（试行）》，创设了"公调对接"机制。至此，诸暨市"公调对接""检调对接""诉调对接"三大机制已经完全建立，也使得"老杨调解中心"等品牌调解室与有关政法机关的业务对接有了制度上的保障。

诸暨市某针织有限公司诉陈某借款合同纠纷案，就是一起运用"诉调对接"机制成功调解的案例。2016 年 9 月，陈某向诸暨市某针织有限公司借款 1 万元，并写下欠条，承诺于当年 10 月份还款。但借款到期后，陈某没有按约履行还款义务。诸暨市某针织有限公司在多次催讨未果的情况下，于 2017 年 7 月 7 日以一纸诉状将陈某告到了诸暨人民法院。起初，诸暨市法院办案法官在征得原告同意后，将案件委托给诸暨市总商会人民调解委员会调解，但总商会多次联系陈某无果，于是将案件退回诸暨市法院。考虑到被告陈某的住所位于枫桥镇，办案法官遂通过"法官指导QQ"请求枫桥镇调解委员会协助帮忙查找被告下落。后"老杨调解中心"杨光照上门联系，寻找无果后将联系方式留给邻居。陈某父亲陈老先生根据老杨留下的地址找到老杨，并有意替儿子偿还债务。根据办案法官的委托，在"娟子工作室"，借助在线调解平台就此起债务履行纠纷进行调解，双方最终达成一致意见。由于是分期履行，为确保调解协议执行到位，经双方申请，办案法官很快在调解平台进行了司法确认。

三、启 示

当前,新的矛盾纠纷类型、表现形态和难易程度等发生了很大变化,传统的调解理念、工作机制等已不能完全适应人民调解工作发展的需要。必须结合新的形势和需要,推进品牌人民调解室不断发展完善。

第一,坚持专兼职结合,优化品牌调解室人民调解员队伍结构。当前,加快建立一支年龄结构合理、专业水平较高的专兼职结合的人民调解员队伍刻不容缓。为此,要注重选聘律师、公证员、基层法律服务工作者、教师、专家学者等社会专业人士和退休法官、检察官、民警等担任人民调解员,不断提高人民调解员的专业化水平。加快开展人民调解员等级评定工作,并将等级评定与调解案件疑难程度及调解员薪酬挂钩,拓宽年轻调解员职业发展空间,稳定人民调解员队伍。加强和创新人民调解员的教育培训方式,采取集中授课、案例评析、旁听庭审、实训演练、网络远程培训等形式,提高培训的针对性、有效性。要依托有条件的高校、培训机构开展培训工作,开发人民调解员培训课程和教材。加强人民调解典型案例的收集,探索建立人民调解案例库,通过相关案例指导开展调解工作,提升人民调解工作的质量水平。

第二,实施"互联网+人民调解",推动品牌人民调解室智能化。就品牌人民调解室而言,信息化技术的应用可以从处理好以下几对关系中去推进:一是处理好顶层设计和地方试点的关系。突出省级层面的顶层设计,抓好人民调解智能化的整体规划以及与智慧审判、智慧检务的衔接,避免重复建设、重复施工。发挥人民调解工作室的首创精神,先行先试,为在全省范围内统一推广积累经验。二是处理好长远规划和重点突破的关系。把有限的调解经费投向较为成熟且易见成效的建设项目。比如,推行在线网络调解系统,以方便调解申请人。当然,在线调解平台在设计时应注意与人民法院及仲裁等平台的对接,以实现工作的有效衔接。

第三,培育、壮大承接主体,加大政府购买人民调解服务力度。根据承接主体实际情况,分计划、有步骤地加大政府向社会组织购买人民调解服务的力度,逐步提高政府向社会组织购买人民调解服务的份额或比例。合理确定社会组织参与承接政府购买人民调解服务应当符合的有关资质要求,逐步改善、提高准入环境,积极引导运行成熟、作用发挥较好的人民调解室到民政局注册登记,支持登记类人民调解室参与市级层面的等级评估。加强所购买人民调解服务的考核和评估,将评估结果与合同资金支付挂钩,建立社会组织承接政府购买服务的激励约束机制。总之,通过政府购买人民调解服务的形式,引导人民调解工作室专业化发展,打造一批示范性品牌人民调解室。

点 评

人民调解工作室是承担调解人民矛盾纠纷职能的工作机构，是推进人民调解专业化、发挥人民调解品牌示范效应非常重要的组织载体。作为人民调解创新发展的一种新组织，其特点在于：体现了法理型权威和魅力型权威的结合；体现了人民调解的专业化发展趋势；体现了多元治理主体的协商共治。为积极适应新时代的需求，应不断加大人民调解员队伍建设，提高人民调解工作保障水平，提升人民调解工作室的智能化和标准化水平，并通过政府购买人民调解服务的方式，培育、扶持人民调解工作室创新发展，提升人民调解的核心竞争力，发挥其在矛盾纠纷多元化解机制中的基础性、支撑性作用。

思考题

1. 与传统人民调解组织相比，品牌人民调解室有哪些特点和优势？
2. 品牌人民调解室在创建中存在哪些突出问题？
3. 新时代如何进一步加强品牌人民调解室建设？

注重沟通的在线调解

在线调解,是司法机关、各种调解组织通过线上软件以电子化的方式向有解决纠纷需求的当事人,提供在线调解,解决纠纷的方式。在线调解利用现代信息技术,实现了发动、申请调解的自助化与实时性,显著提高了纠纷解决的效率,是一种高效的纠纷解决方式。在线调解在双方当事人距离较远、争议金额较小的纠纷中得到了广泛的应用,取得了积极的效果。

一、背 景

为响应《最高人民法院关于人民法院进一步深化多元化纠纷解决机制改革的意见》,2018年1月,浙江省综合治理委员会制定了《关于在全省部分地区开展在线矛盾纠纷多元化解平台先行上线运行的工作方案》,并确定诸暨市为全省"在线矛盾纠纷多元化解平台"先行运行地区。随后,诸暨市综合治理委员会出台了《关于推广运用"在线矛盾纠纷多元化解平台"的实施方案》(诸综委〔2018〕2号文件),法院与公安局、司法局联合出台《关于调解协议司法确认工作实施细则》等文件。

诸暨市法院将"枫桥经验"嵌入"在线调解",推出了ODR(线上调解)平台服务,使解纷制度更加具有活力,为解决争议的人们提供一种新方式,兼具诉前纠纷管理和解纷方式替代机制的双重功能。对于当事人而言，多了一种程序选择权；对于法院而言，多了一份对当事人程序选择权的尊重。在线调解使基层法院的司法调解更加便捷、有效，使纠纷的化解更有效率。

随着分散式区块链技术的兴起，依托 ODR 平台，诸暨市法院探索构建了具有诸暨地方法院特色的"分调裁审"新格局"区块 e 解"。在 ODR 平台形成的解纷链基础上，诸暨市法院整合"纠纷分类分流""诉调对接""立案调解"和"繁简分流"四个区块，打造"四块一链"为特点的一站式多元化、信息化、智能化解纷模式。

二、做　法

1. 加强在线调解的司法指导

诉前化解劝导书。为让具有诉求的当事人尽快了解和掌握在线调解的相关知识、平台功能和操作方法，诸暨市法院建立了在线解纷诉前"三导"制度（引导、劝导和指导）。对符合诉前化解的简易民事纠纷，立案工作人员劝导其通过"在线矛盾纠纷多元化解平台"化解矛盾纠纷，并向其发送"诉前化解劝导书"；对同意通过"在线矛盾纠纷多元化解平台"化解矛盾纠纷的当事人，由导诉台工作人员指导其在手机上下载平台用户版手机 APP，并发放《用户操作手册》。"三导"制度的建立为进一步推广"在线矛盾纠纷多元化解"平台的运行提供了有力保障，也是体现司法为民的一项重要措施。

调解的"三线三明"法。总结出适用于在线调解的"三线三明"法，在调解员的培训中进行推广普及。"三线三明法"具体是：接线说明，是指调解员通过电话或微信的方式联系当事人，说明人民调解的好处和通过平台进行调解的优势等；联线表明，是指调解员通过平台接通双方当事人，让当事人通过视频面对面充分表达自己的意愿，表明自己对调解的态度，以及提出解决纠纷的方案等；在线阐明，是指调解员通过平台阐述处理纠纷的建议和法律依据，消除矛盾，促成双方当事人达成共识，形成调解协议。

在线调解小剧场。为让调解员尽快掌握在线调解的技巧，诸暨市法院还制作了"在线调解小剧场"，以影像化的方式展现平台的操作流程。同时，制作了平台操作演示录像，通过剧情观摩、录像演示、现场指导等多种形式，提高调解员运用平台的技能水平，促进人民调解组织在线化解矛盾纠纷的高效性和便捷性。

2. 通过在线调解实现诉源治理

诉源治理。在线纠纷化解平台，与传统调解方式相结合，扩大了就地化解矛盾的范畴，有效缓解了案多人少的矛盾。依托ODR平台将四大解纷区块互联互通，让当事人自己在一站式解纷链中选择调解或是诉讼，符合"枫桥经验"的诉源治理要求。

诉调对接网络化。诸暨法院以"在线矛盾纠纷多元化解"建设为契机，不断整合社会调解资源，建立了"1+5+13+20+27"的矛盾纠纷多元化解工作机制，并利用互联网与各调解组织建立在线对接平台和机制。"1"指的是1个法院诉讼服务中心；"5"是指5个基层法庭诉讼服务中心；"13"是指市级13家专业调解委员会；"20"是指20家律师调解室；"27"是指全市27个乡镇（街道）人民调解委员会。法院诉讼服务中心通过"在线矛盾纠纷多元化解平台"与市级13家专业调解组织、3个街道调解组织及

20家律师调解室建立网上委派、网上指导调解、网上司法确认的网上对接工作平台;各基层法庭诉讼服务中心通过在线矛盾纠纷多元化解平台与24个乡镇调解组织建立网上委派、网上指导调解、网上司法确认的网上对接工作机制。

多元力量参与调解。专班工作人员与全市104名平台注册的律师调解员建立了微信工作群,随时把适合诉前化解的案件数量、类型在律师调解微信工作群中公布,以先报名者优先。这种抢单与预约并行的模式激发了律师参与矛盾纠纷化解的积极性,同时也推动了平台的运行。诸暨市法院在ODR平台自身具备的智能咨询和智能评估的功能中,通过整合法律、科技、教育、卫生等优势资源,以第三方的身份对知识产权、医疗纠纷等疑难案件提出专业化的指导意见,助力提高复杂案件的调解成功率。

3. 注重在线调解的即时沟通

在线调解灵活简便。当事人之间、当事人和调解员之间都可以自行选择适当的时间、地点使用网络通信工具进行交流,申请、举证、质证、调解、开庭以及送达文书等程序均可在线完成,减少了诉累,节约了成本,效率大大高于传统纠纷解决方式。尤其对于标的额较小、当事人间物理距离相对遥远,用诉讼和ADR(非诉讼纠纷解决机制)来解决纠纷将遭遇"成本高于标的额"等现实问题,选择在线调解成为首选。

原告常某是省外人,受雇于诸暨市某公司,工作中不慎从钢铁架上坠落,造成右跟骨骨折。经司法鉴定,伤残等级为十级。诸暨市人民法院受理此案后,对案件进行了初步审查,认为本案事实较为清楚、证据较为充分,双方存在和解的可能性。但常某已经返回老家,如果等到他来诸暨市再召集双方调解,案件处理时间将延长,不利于纠纷的快速解决。法院立案庭在征得当事人同意后,决定通过ODR平台远程视频、实时录音录像、电子签名等功能,将案件交由调解员名录中的律师进行在线调解。律师及双方当事人在各自手机上登录ODR平台进入在线调解页面后,仅用了半个小时双方便达成调解协议,当场对调解协议进行在线确认,完成电子签名,顺利解决纠纷。

❖ 诸暨市人民法院在线矛盾纠纷多元化解平台

在线调解具有准公共服务性。平台整合各种调解资源,所有调解机构均可以在线,调解员注册后,就可以被选择,为社会民众提供免费的调解公共服务,其工资由政府"以奖代补"的形式发放。在线纠纷解决支持当事人协商选择调解员,通过简易方式或结构化数据进行纠纷描述,以在线方式交换证据、参与调解、申请司法确认,调解结束后可以对调解员和调解过程进行评价反馈。当事人通过在线纠纷解决平台可以获得司法机关认可的标准化解纷流程，并根据纠纷类型特点、案件管辖区域在大量解纷资源中选择合适的服务。

在线调解可以类案同调。最高人民法院出台《最高人民法院关于进一步推进案件繁简分流优化司法资源配置的若干意见》后，诸暨市法院开通简易案件的"快车道"。在诉讼服务中心，诸暨市法院设立了三大速裁团队，分别主攻金融借款纠纷、物业纠纷和道路交通事故纠纷等。繁简分流优化了效率和质量，速裁中心80%以上的案件在20日内结案，比其他审理程序至少减少了35天，3个速裁团队受理的案件接近民事案件的60%；法官有时间和精力对疑难复杂案件进行深入研判、精雕细琢出精品"作品"，案件质效公正指数不断提升，展现出司法人解决复杂问题的能力和审慎、法官的高水平和智慧，提高了司法公信力。诸暨市法院速裁团队在审理中不断提升办案质效的一大法宝是"个案指导，以判促调"。每一季度，诸暨市法院会梳理出同类案件的典型指导判例，统一上传到ODR评估模块。调解员和审判员在调判之时从中调取类案判例，作为指导和借鉴，快速高效地进行类案同调。

三、启　示

第一，有效化解矛盾纠纷。在线化解矛盾纠纷，是通过视频进行调解，对一些矛盾比较激烈的纠纷，能够避免"面对面"调解过程中的正面冲突甚至引发矛盾的二次激化，有利于促进当事人真实、充分地发表自己的意愿。通过前期的宣传，有不少群众对平台的功能已有所了解，而且自主上平台提交纠纷明显增加。随着平台知名度的不断提高，越来越多的群众感受到平台的高效便捷，其快捷、方便、不收费等优势也会吸引群众主动参与到平台的运用中。

第二，提高了诉讼调解率。在线纠纷化解平台，集聚了人民调解、行业调解、综治调解、律师调解等力量，整合各类社会调解资源共同参与矛盾纠纷化解。平台上的评估功能，也会让当事人对纠纷的评判提前有心理预期，从而提高纠纷的调解成功率。经平台化解纠纷不收取任何费用。成本为零，大大减轻了当事人的诉讼负担，有力地促进了社会稳定。而且，平台的视频调解功能减少了当事人来回奔波，使当事人省时、省钱、更省心。

第三，发挥调解的智慧。建立本地区在线调解机制和调解人员网络，有利于网上纠纷解决的迅速形成与发展。为此，应当加大倡导和宣传具有中国特色的、具有本地特色的在线纠纷解决机制的力度，从而改变"司法诉讼万能"的观念。如在主流媒体、社区街道加大对在线纠纷解决机制平台的宣传力度，行政机关、司法机关加大对纠纷当事人的引导力度，在平台上公布纠纷解决流程、人员名册及简历以及纠纷有效化解的数量和正在化解中的数量，提升平台的知名度和信任度，让免费、便捷、高效的在线调解广为普通百姓了解、使用。

提高基层社会矛盾纠纷多元化解能力

点　评

"在线调解"是一种通过网络沟通调解纠纷的方式，是把传统的"面对面"调解搬到网上"云调解室"，借助互联网跨越时空阻力，异地同时、异地异时地实现弹性时间和地点的沟通，为跨国、跨省、跨区域的纠纷解决提供"云翅膀"，为矛盾纠纷的预防和化解提供容易沟通的资源、支持和援助，节省了费用和时间。为贯彻和落实党的十九届四中、五中全会的精神和部署，在新时代践行和创新"枫桥经验"，需要面对实践中出现的各类问题，探索适合基层、市域、跨国的在线调解方式，完善中国的在线调解规则，积极拓展调解服务的领域，让更多的人受益于和气、善意、便捷的纠纷解决方式。

思考题

1. 请结合本地情况谈谈你对实行在线调解的制度、经济和文化条件的认识。
2. 请结合本地情况谈谈你对开展在线调解工作的认识。

| 基层社会治理体系和治理能力现代化

加强基层司法智慧建设

随着数字化生活扑面而来，智能手机已成为人们日常生活不可分割的部分，它不仅仅是个人的通信工具，更是个人与社会交流的基本渠道。党的十九大以来，随着数字中国建设的推进，人民法院智慧司法建设也在不断深入。人民法院开展智慧司法建设，体现在基层司法领域，就是借助互联网和智能手机，建立微法院，高效便捷地审理案件；它节省了解决纠纷的时间和经济成本，适应了现代社会高速发展的要求，满足了司法供给，成为中国基层司法的最大亮点。党的十九届五中全会提出："加强数字社会、数字政府建设，提升公共服务、社会治理等数字化智能化水平"，这给人民法院的基层司法智慧建设提出了更高要求。

一、背　景

信息革命，为人类的生产生活方式带来了颠覆性的革命。同时，万物互联也提升了社会治理的质量和效率。自 2013 年以来，中国法院积极推进审判流程、庭审公开、裁判文书、执行信息四大平台建设，先后建立中国审判流程信息公开网、中国裁判文书网、中国庭审公开网、中国执行信息公开网，不断促进司法的公开和透明。目前，三大互联网法院是互联网司法发展的先行试验区域，探索信息技术的司法应用、信息化诉讼模式的创新、信息司法规则的建立等。

智慧法治建设也是参与全球法治发展、引领世界智慧法治建设的机遇，能够高效便捷地服务于经济社会发展，增强国家的司法软实力，带动国家司法竞争力的跨越式提升。2016年7月，中共中央办公厅、国务院办公厅印发《国家信息化发展战略纲要》明确提出建设"智慧法院"，提高案件受理、审判、执行、监督等各环节信息化水平，推动执法司法信息公开，促进司法公平正义。2017年5月11日，最高人民法院院长周强在全国法院第四次信息化工作会议上强调：要统筹兼顾，全面把握智慧法院建设的总体布局。智慧法院建设要以促进审判体系和审判能力现代化，提升司法为民、公正司法水平为目标，充分利用信息化系统，实现人民法院全业务网上办理、全流程依法公开、全方位智能服务。

智慧法院具有网络化、阳光化和智能化的特征。"互联网＋审判""互联网＋调解""互联网＋执行""互联网＋司法网拍"及医疗纠纷一体化平台、道路交通纠纷一体化平台等网络平台，互联网法院、司法区块链智能合约技术在电子商务解纷中也进入了司法应用，这些都是依托互联网的一系列智慧司法创造。2019年7月，移动微法院实现了跨域立案功能，最大限度地为当事人提供诉讼便利。依托"移动微法院"，将经验推广应用于众多的普通法院在线诉讼模式，能够使高效、便捷的在线诉讼最大程度惠及所有法院和人民群众。

二、做　法

1. 法院携手腾讯研发移动微法院

司法联手科技。2018年1月11日，最高人民法院确定宁波市

基层社会治理体系和治理能力现代化

区两级法院为全国法院唯一的移动电子诉讼试点单位；4月9日，最高人民法院信息中心牵头组建全国联合项目组，项目组开发出"宁波移动微法院4.0版"微信小程序。2018年9月10日，浙江移动微法院在全省上线，实现"移动智能打官司"全覆盖。只要是浙江省内各级法院管辖的诉讼纠纷，当事人都可以用一部手机完成立案、送达、调解、庭审、执行全流程。移动微法院，适用于各级普通法院，创新实现了在线一站式多元纠纷、异步审理的新型纠纷化解模式。

网络司法战略。移动微法院推动了国家网络强国战略在司法领域的有效实施，创造出了跨越时空、区域、国界随身运用的"移动微法院"，在中国移动微法院这个总框架内，分平台连接各省移动微法院，形成高效、便捷、低成本的移动电子诉讼体系。移动微法院从开发、运用、推广到受欢迎，是世界信息技术革命、国家网络强国战略、网际网络延伸到司法领域的一项信息与司法合力取得的实践成果，中国智慧法院建设在移动电子诉讼服务方面率先作出的一项贡献，是新时代法治文明建设的司法信息化的重要之维。

移动的微法院。移动微法院嵌在微信小程序中，无须下载安装App，每个案件都有自己独立的空间，对不同使用者都有相应的引导，当事人和法官可以利用碎片化时间上线。移动微法院以其随身移动、微小便携而形成大众手机文化，让当事人随时随地、滑动手指就能参与诉讼。移动微法院搭载腾讯云存储、大数据、人脸识别、讯飞科技、同步多方音视频等技术，具备20余项功能，已经实现从立案到执行全流程在线流转，实现诉讼服务事项跨区域远程办理、跨层级联动办理、跨部门协同办理，切实解决问累、诉累、跑累等问题，让群众"打官司最多跑一次，甚至一次不用跑"成为可能。

2. 镶嵌在手机里的移动微法院

掌上诉讼。"移动微法院"是一款可以让公众"打开微信打官司"的小程序的"掌上诉讼"App。"送达难"一直是制约审判效率提升的一个瓶颈。使用移动微法院，让诉讼材料一键抵达，压缩文书送达工作用时少，大幅提升送达效率，节约送达成本。移动微法院创设的"一案一空间"，为当事人异地参与调解提供了交换信息的专属虚拟场所，增强了当事人的参与性和可选择性，当事人双方可根据各自调解意愿，自行推动调解进程，体验跨越时空的便捷。线上线下融合审理，让庭审从"当事人跑"向"数据跑"转变，节约当事人的时间和经济成本。此外，移动微法院还提供了法规查询、计算工具、智能问答、法院导航、线索举报、执行悬赏等诉讼服务。

❖ 浙江移动微法院手机客户端

弹性的工作时间和地点。庭前在线证据交换，当事人可灵活安排时间线上错时质证，不拘泥于传统的同时、同地、同步，减轻当事人诉累，节省庭审时间，助力审判提速。申请执行人也可向执行干警发送执行线索，连线执行现场。整个执行过程阳光透明，全程留痕。执行干警可以通过图片、视频、定位等方式向申请执行人实时推送查封、扣押、司法拘留等14个节点信息；移动微法院同时支持执行法官的外出执行场景，照片、录像、文字、语音等信息同步到法院专网执行系统，公开冻结、查封、强制执行等执行节点，使执行工作更加公开、透明。2012年9月11日，张某与李某登记结婚，婚后生育一女李小某。因张某一直在新加坡打工，双方聚少离多，夫妻感情日渐淡薄。2020年春节前后，身在新加坡的张某通过移动微法院进行网上立案，要求与李某离婚。受理案件后，承办法官引导李某应用移动微法院，通过"多方视频"在线邀请当事人视频调解。通过微法院的协调，双方很快对离婚、子女抚养、财产分割等问题达成了一致意见。承办法官运用"案件调解"功能向双方当事人发送了调解协议，在确认无误后，双方当事人在线在调解协议上签字确认。至此，一起跨国离婚案画上了圆满的句号。

一步一导引。移动微法院是智慧法院的一种指尖法院形式。浙江省的移动微法院，通过微信小程序就能完成身份认证、递交诉讼材料、交纳诉讼费用等全部立案流程，对当事人而言是"掌上诉讼"，对法院而言是"网上立案""网上送达""跨域调解""线上质证""远程开庭""见证执行"。主页界面分"我要立案""我的案件""多元化解"等9个功能模块呈九宫格排列，当事人使用移动微法院参与诉讼过程，每个步骤都有提示、告知、提醒或释明等。这种"一步一导引"的智能化服务，便于当事人更好地掌握和遵循诉讼规则。此外，移动微法院对部分常见的诉讼文书预置了格式样本，上传相关诉讼材料时，当事人既可以拍照上传，也可以使用内置模板，填空式输入后发送给法官。

3. 智能化的移动微法院

微法院应用案件广泛。作为"移动互联网+审判"的最新成果，除刑事案件外，占法院收案量90%以上的民商事、行政、执行案件都可适用，可满足办案人员、当事人及其代理人、第三方调解人员等多方用户需求。除涉及国家安全、当事人隐私、未成年人案件之外，民商事、行政、执行案件都可以使用移动微法院，借贷纠纷、劳动报酬纠纷、合同纠纷几乎已经全部实现线上解决。

微法院执行的智能化。在执行工作方面，目前全国法院的执行法官通过执行系统轻点鼠标，就能了解到被执行人在全国绝大部分银行的账户开设、银行存款情况，也能知道被执行的车辆登记、被执行人在本地的不动产登记等情况，信息化极大降低了执行法官在财产查控方面的成本，还能更加全面地了解被执行人的财产状况，通过网络系统便可冻结划扣失信被执行人财产。通过移动微法院，可以让申请执行人在不侵害被执行人与案件无关的隐私的情况下，在一定程度上了解、共享被执行人与执行有关的信息，对司法公开、透明具有技术上的助推作用。

未来的微法院走向。随着技术的发展，未来的移动微法院功能会更多，提供法律咨询、诉讼程序、诉状模板、办案流程、常见法律问题解答以及同类案件的审判情况等服务。裁判文书的自动生成系统，法院受理案件的所有信息都输入了信息管理系统，包括当事人的姓名、住址等信息，裁判文书自动生成系统会自动采集系统中的相关有用信息，自动生成裁判文书的初步格式，包括列明双方当事人、适用的审判程序、双方的诉辩意见以及根据格式列明双方的证据。这些辅助性工作大大减轻了诉讼文书制作过程中的事务性劳动。

三、启　示

移动微法院为法官、当事人、律师都带来了很多便利，使审判效率更高、执行更有效。在科技创新驱动下，法院各项工作的质效不断提高。浙江省在司法信息文化方面的创造，为我国其他地区提供了经验和典范。

第一，紧跟"微时代"发展潮流。充分利用智能手机平台，让"微法院"为司法带来活力；积极主动推进司法的智慧、信息化建设，实现纠纷的高效、及时沟通与解决。

第二，走中国特色的智慧法治道路。认真落实党中央、国务院决策部署，发挥中国司法制度的优越性，以调解守望邻里和睦，以清明公正守护司法为民，通过智慧法治建设最大限度地降低人民的法律风险和诉讼成本，有效地化解矛盾纠纷，创造良好的经济发展环境，全面提升社会的生产力、综合实力和竞争力。

第三，消除技术鸿沟。要实现智慧法治建设，一部分民众面临着技术鸿沟。要让全体人民共享智慧法治的改革成果，营造高效的司法环境，需要做好在线以视频、图解等方式的法治宣传和微法院宣传，还需要司法工作者的耐心引导、帮助。

点 评

"移动微法院"是"互联网+"在司法领域的应用,已形成"移动微法院+"诉讼、调解、执行的在线纠纷多元化解新模式。作为"移动互联网+"审判的最新成果,除刑事案件外,占法院收案量90%以上的民商事、行政、执行案件都可适用"移动微法院",满足了办案人员、当事人及其代理人、第三方调解人员等多方需求。除涉及国家安全、当事人隐私、未成年人案件外,借贷纠纷、劳动报酬纠纷、合同纠纷几乎已经全部线上解决。作为"一站式"诉讼服务体系,"移动微法院"还广泛调动了调解资源,发挥司法系统共享和联动功能,实现全国法院"一站通办、一号通办、一网通办"全覆盖。

思考题

1. 国家制定信息化和智能化战略,参与引领世界法治体系创新。对此,司法能够做什么?如何积极参与?

2. 除了智慧法院,还有智慧立法、智慧执法、智慧监察等。请谈谈你对未来智慧法治的认识和期待。

陕西省基层社会治理案例选

"延安精神培育了一代代中国共产党人,是我们党的宝贵精神财富。要坚持不懈用延安精神教育广大党员、干部,用以滋养初心、淬炼灵魂,从中汲取信仰的力量、查找党性的差距、校准前进的方向。""要加强和创新社会治理,坚持和完善新时代'枫桥经验',深化扫黑除恶专项斗争。"

——习近平在陕西考察时强调"扎实做好'六稳'工作 落实'六保'任务 奋力谱写陕西新时代追赶超越新篇章",新华社西安2020年4月23日

安康市汉阴县"321"基层社会治理模式

汉阴县地处陕南连片山区，随着产业结构调整，经济发展增速快，社会治理的难度较大。在公共服务体制综合改革过程中，汉阴县学习、践行"枫桥经验"，探索创新了"321"基层社会治理模式，受到陕西省委、省政府的充分肯定。

一、背　景

汉阴县委、县政府高度重视乡村社会治理工作，从2015年起，根据中央加强乡村社会治理的有关精神，结合汉阴县实际，积极迎接挑战，逐步探索出了"321"基层治理模式，即以镇党委、人大、政府"三条线"为纽带，分别延伸联系群众，创新"三线"机制，建立网格化、精细化"两化服务管理"模式，搭建一个农村社会自治大平台。"321"基层社会治理模式坚持了党在农村基层的核心领导地位，重构了乡村组织网络，填补了乡村治理力量不足，调动了群众主动参与乡村治理的积极性，激发了乡村社会治理的内在活力，初步形成了"三治融合"的新格局。

近年来，全县经济保持两位数增长。2017年全县社会治安满意率达95.06%，位居全省第5位，被评为全省平安建设先进县。2017年，汉阴县实现生产总值（GDP）95.1915亿元，同比增长

10.8%；2018 年，生产总值实现 107.7 亿元，同比增长 11.1%，多项经济指标位列安康市前列，全省经济增速位居第 5。

二、做　法

1. 创新"三线"联系群众机制

"三线"主要是指以镇党委、人大、政府"三条线"为纽带，分别进行延伸联系。

第一，以镇党委抓村党支部，党支部抓党员，党员联系群众为第一条线。依托党员"积分制"管理，推行有能力的党员直接联系服务群众，以走访、约见、接待为主要形式，面对面宣传党的路线方针政策和法律法规，听取收集群众意见和诉求，帮助解决群众实际困难，实现党员与群众互动联动，打通联系群众通道，拉近党群距离。通过实事承诺、日常践诺、年终评诺、全年积分制管理，充分发挥了党员的桥梁和纽带作用，强化了党与群众的血肉联系。

第二，以镇人大主席团抓代表小组，代表小组抓代表工作室，代表工作室联系人大代表，人大代表联系选民为第二条线。为增强人大代表的公信力，在各村建立人大代表工作室，公开人大代表信息，推行人大代表联系选民制度，通过联系走访、开展周三接待选民日活动和季度召开选民座谈会，收集听取选民意见建议，为群众排忧解难，既增强了村民反映合理诉求建议的积极性，同时也增强了各级人大代表的公信力。2015 年以来，全县 629 名各级驻村人大代表，共收集选民意见 3000 余条，并一一回应解决。

第三，以镇政府指导村委会，村委会抓中心户长，中心户长联系村民为第三条线。通过镇政府指导村委会工作，群众推选中心户长，依托村组矛盾纠纷调解组织，建立了中心户长联系村民制度。全县共推选中心户长2354名，协助镇村做好信息收集、政策宣传、纠纷调解、治安联防、重点人群帮教等工作，重点为贫困群众、鳏寡孤独等特殊群体提供帮助和服务。2015年以来，共排查调处各类矛盾纠纷1万余起。

2. 实行"两化管理服务"

一是实行网格化管理。在切实抓好"三线"联系的基础上，为切实提高管理服务实效，全面实行网格化管理。以村为基本单位，根据村民居住的集散程度、人口数量等因素，划分为若干个一、二、三级网格，一级网格长由村党支部书记或村主任担任，二级网格长由村民小组长担任，三级网格长由"三线"人员担任，每名三级网格长联系20至30户、70至120人不等。网格长主要负责宣传党的方针政策、掌握社情民意、收集群众诉求、及时反馈信息、化解矛盾纠纷等事宜，实现了"人到格中去、事在网中办"。

二是实行精细化服务。在网格化的基础上，为提高服务效率和精准性，镇村组织对全村所有住户进行拉网式大排查，针对各户的经济收入、产业基础、家庭结构、利益诉求等具体情况，将群众划分为放心户、关心户、连心户，分别对其实行"在线、一线、热线"服务。即：家庭经济收入持平和超过全村平均水平且连续3年被评为平安家庭的农户定为放心户，网格中将其标为"绿色"，村上对其实行等候"在线"服务；家庭经济收入低于全村平均水平且近两年未被评为平安家庭的定为关心户，党员、人大代表、中心户长定期到住户了解情况，网格中将其标为"黄色"，有针对性地开展"一线"服务;"三留守"人员家庭、残疾人家庭、贫困户家庭、有服刑或刑释解教人员家庭定为连心户,每户确定一名党员、人大代表或中心户长,实行一对一帮包,网格中将其标为"红色",对其实行"热线"服务。在日常工作中,要求全体党员、村级干部和"三线"人员按照"绿户门前放心行,黄户门前停一停,红户门前要上心"的要求做好联系帮扶。

❖ 汉阴县政协视察"321"基层社会治理模式对口协商座谈会

3. 搭建"六位一体"村民自治平台

在"三线、两化"解决群众个人诉求的基础上,汉阴县又进一步构建了以村党组织为核心、村民(代表)大会为决策主体、村委会为执行主体、村监委会为监督主体、村级经济组织为支撑、社会组织为补充的"六位一体"村民自治平台,主要是为了满足全体村民对村庄经济发展、基础设施建设、公共服务、环境保护和谐稳定等共性需求。

第一,健全"一约四会"制度。以村(社区)为单位,组织群众制定村规民约,逐户签订守约承诺,用村规民约引导约束群众。同时组织群众建立红白理事会、村民议事会、道德评议会、禁毒禁赌会,着力培育群众自我教育、自我管理、自我服务、自我监督的治理能力。

第二,大力发展经济社会组织。为适应现代农业发展和乡村治理群众化的需要,县上依托龙头企业、现代农业园区、合作社和能人大户牵引,建立了一批农民专业合作经济组织,培育了一批农村专业协会类、公益慈善类、社区服务类等群众性社会组织,充实治理主体,建立群众合作发展、互助服务、情感交流的平台。目前全县共成立村集体经济合作社141家,农民专业合作社318家,互助资金协会116个,志愿者服务队180余支,红白理事会141个,其他类社会组织100余个,带动贫困户近3000户,在推动县域经济发展和社会进步方面发挥了不可或缺的重要作用。

第三,积极开展民主协商。为不断提升群众自治水平,汉阴县出台了《村级民主协商议事制度》,制定了《民主协商议事规则》,吸纳威望高、办事公道的老党员、老干部、乡贤人士、群众代表参加,广泛开展民主协商。对协商形成的意见,村党组织及时召开会议研究、分类交办,特别重要的按照法定程序提交村民(代表)会议表决。对采纳协商意见形成的决策成果及执行情况,公示公开向群众反馈,真正把群众的意见和建议变为村党组织的思路和决策,将群众对村集体事务管理的知情权、参与权、监督权落到了实处。同时,全县还积极推行"干部说法说政策、群众说事说心声、大事要事民主协商"的"两说一商"机制,创新民意收集渠道,增强群众的主体意识、责任意识和自治意识,为乡村全面振兴打下了坚实的群众基础。

三、启 示

第一,理念发生了变化,实现了由管理到治理的根本转变。"321"基层治理模式,创新了社会治理理念,优化了农村基层治理主体和治理内容,实现了基层从管理型向治理型、行政型向社会型、单向型向互动型的根本转变,发挥了农民群众的创造性、主动性,积极主动参与社会治理和经济建设,大幅度提升了村民自治水平,促进了农村社会繁荣稳定。

第二,调动了各方力量,形成了治理合力。实行村民自治是我国农村社会的一大进步,但由于自治方式还不完善,长期以来乡村的事务仍然是由少数人操心。"321"基层治理模式既为农村各种优质资源提供了有效平台,又提高了群众自我管理、自我服务、自我教育、自我发展的能力。汉阴县通过对农村党员实行实事承诺和积分制管理,激励先进,切实增强了党员的归属感和荣誉感;在各村建立了人大代表工作室,年终选民对代表履职情况进行评议,为各级人大代表开展工作搭建了平台;对中心户长实行"以事奖补、以案定补"、跟踪培养机制,让中心户长既有"钱图",又有前途。县上成立了社情民意调查中心,配备8名专职人员,动态随机进行民意抽查调查,调动了"三线联系"人员参与农村社会治理的积极性,还发挥了群众在农村社会治理中的主体作用,从而使农村社会治理不再是党委、政府的"独角戏",日趋成为整个社会参与治理的"大合唱"。

第三,畅通了诉求渠道,维护了农村稳定。"321"基层治理模式的推行,彻底改变了过去群众"有事只找村干部,无事不登三宝殿"的现象,群众的诉求渠道宽了,听取群众意见建议的人多了,协调解决群众矛盾纠纷的力量强了。以前村干部难以发现、未及时发现、难以解决的问题,通过三线人员与服务对象拉家常、联络感情,及时发现、掌握矛盾纠纷隐患,对能化解的及时化解,暂时化解不了的跟踪稳控,做到矛盾不激化、不上交,有效预防了"五失"(生活失意、心态失衡、行为失常、家庭失和、情感失迷)人员恶性案件的发生。连续几年,全县刑事、治安发案同比下降36.8%和12%,其中命案同比下降60%;越级访大幅下降,到省赴京访同比下降25.6%和39.13%,基本实现了"小事不出组、大事不出村、矛盾不上交、纠纷不激化"的目标。2017年,汉阴县社会治安满意率由2016年全省第68位跃居第5位,被评为全省综治平安建设先进县。

第四,消除了治理盲区,实现了乡村治理全覆盖。"321"基层治理模式将群众分为放心户、关心户、连心户,按照就近、就便、就亲的原则,靶向施策,实行有针对性的定制帮包服务。全县乡村共划分成4876个三级网格,做到了全县10个镇、149个村(社区)、1441个村民小组、7.8万农户全覆盖。在网格化管理中,各村都建立了一套民情台账,给每户群众制定了一张"三线"人员联系卡,让群众能随时咨询政策,反映情况并及时得到受理。以往群众办事是"鞋跑烂、腿跑断、事难办",现在是"群众动嘴、干部跑腿、干群关系如鱼水"。

第五,加强新民风建设,推进了乡风文明。汉阴县把推行"321"基层治理模式与提倡德治紧密结合,弘扬社会主义核心价值观,制定村规民约,大力开展"群众说、乡贤论、榜上亮"道德评议活动,设置道德讲堂、红黑榜等,提炼推广优良家风家训家规,培育文明新风,引领社会风尚。2015年以来,共评选表彰

基层社会治理体系和治理能力现代化

"好婆婆""好媳妇""好妯娌"1825 名,"最美家庭"1967 户。全县 80%的行政村修订完善了村规民约,征集优选家规家训 200 余条,其中"沈氏家训"被中央纪委在全国推广。

第六,凝聚了民心民力,推动了经济发展。"321"基层治理模式使群众的怨气想法有了倾诉之处,自身难以克服的困难问题有了解决之途,想提意见建议有人倾听。群众的气顺了、心齐了、劲足了,村党组织的战斗力增强了,党员的先锋模范作用发挥得更好了,凝聚起了追赶超越的强大动力,有力促进了农村经济社会健康快速发展和农民收入的可持续增加。

点 评

党的十九届五中全会要求:"构建网格化管理、精细化服务、信息化支撑、开放共享的基层管理服务平台。"汉阴县"321"基层治理体系重构了县域社会治理的基本组织架构,在全面采集全县的"人、地、事、物、组织"等数据的基础上建立了"321"大数据库,通过数据实时更新、统一归口、动态管理,及时打通了公共信息服务的"最后一公里",为县域社会治理提供了精准支撑。汉阴县"321"模式从根本上解决了县域党政机关密切联系群众的现实难题,通过数据信息"无缝对接"、科学决策、精准施策,转变了政府服务方式,创新"用数据说话、用数据管理、用数据决策"的基层社会治理新机制,有效提高了公共管理的质量和人民群众的获得感、满足感。

思考题

1. "321"基层社会治理模式如何体现"枫桥经验"综合治理的思想?

2. "321"基层社会治理模式的创新体现在哪些方面?

基层社会治理体系和治理能力现代化

铜川市王益区城市社区治理的"红旗模式"

城市社区人口密度大，居住人口成分相对复杂，完全不同于农村"熟人社会"。城市社区矛盾纠纷类型更繁杂，不仅涉及一般经济纠纷，更多地涉及"权利""价值观念"等隐性冲突，因此，城市社区治理的难度更大。陕西省铜川市王益区红旗社区在转变发展理念、改变公共服务供给体制的过程中，创造了城市社区治理的"红旗模式"。

一、背 景

"红旗模式"是社区党建的样本，也是"党建引领"，强化社区公共服务模式，优化社区治理效果的有效载体，是基层社会治理的成功经验。

红旗社区位于陕西省铜川市王益区中心区域，面积0.4平方公里，服务人口1.6万多人，是典型的资源枯竭型城市社区，辖区人口密集、破产企业多、下岗职工多，各种社会矛盾突出，是全市社会治理难度较大的社区之一。近年来，红旗社区党总支坚持组织群众、宣传群众、凝聚群众、服务群众的宗旨，奋力而为、主动作为，积极探索以"网格化管理、智慧化服务、联动式共建"为主要内容的大联动、大共建机制，逐步走出了一条党建领航、优化服务、促进和谐的社区党建引领城市基层党建、促进社会治理的新路径。

《全国基层组织建设工作情况通报》以"红旗社区党旗红"为题，就"红旗模式"进行了专题刊发向全国推广，指出"红旗社区的经验，是上海会议精神的生动诠释，为中小城市基层党建提供了社区样本和典型范例。"《中国组织人事报》以"'红旗'为什么这么红——来自城市基层党建样本王益区红旗社区的报道"为题，就"红旗模式"进行了大篇幅专题报道。

二、做 法

1. 党建引领，全面实行"网格化管理"

设立三级网格，延伸党建"触角"。按照"便于管理、便于服务"原则，以辖区单位、居民小区、商务楼宇、社会组织等为单位，将辖区划分为8个片区大网格和29个小网格。每个大网格建立1个党小组，由离退休党员、无职党员或社区干部担任党小组长和负责人，专门负责同一网格内的党员联系管理、纠纷调解、服务群众等事务；每个小网格确定1名党员中心户，协助党小组长做好工作。同时将网格内的各类协管人员、居民小组长、到社区报到的在职党员、志愿者、社会组织以及辖区内物业公司等纳入管理团队，共同参与服务，形成以社区党组织为领导核心、网格党小组为管理主体、网格党员中心户和服务团队为支撑的三级网格组织管理体系，变"上面千条线、下面一根针"为"上面千条线、下面一张网"，实现党建工作与社会治理的无缝对接。

建立信息档案，消除治理"盲点"。把建立健全居民信息作为网格化管理的基础,坚持工作力量下沉、工作重心下移,组织各片区网格员对社区所有居民、驻地单位以及各工商户等群体,实行拉网式排查,建立翔实的基础台账,全面掌握服务对象的基本情况,实现一人一表、一户一档、一幢一册,动态式、全覆盖掌握居民流动、辖区单位和商业网点变更、居民家庭婚丧嫁娶等信息,切实做到底子清、情况明,服务有重点、工作有方向。同时针对人在户在、人在户不在、户在人不在的实际情况,因人因户制宜,分门别类管理,提供不同服务。特别是把社区内的"空巢老人"、残疾人、低保家庭、社会矫正人员等群体作为重点服务对象,人对人点对点搞好服务,从源头上消除了社会治理的短板。推行十网合一,增强治理"张力"。社区党总支将卫生计生、社会保障、环保、水务等10个部门的管理服务纳入同一网格,由区便民服务中心招聘专职网格员,交由社区统一管理,推行网格员一岗多责制,变过去网格员分头管理为一名网格员专职负责社保、民政、安监、综治、党建等10个领域工作,实现了十网合一。

网格员当好政策法规宣传、社情民意信息、维护稳定安全、邻里纠纷调解、环境卫生监督"五员",做到网格内每个住户家庭成员基本情况、经济状况、遵纪守法情况和网格内就业情况、重点人员情况、困难群体状况"三知三清",日常服务做到居民生活有困难、工作失业、家庭有矛盾、生病住院、重大节日、有孤寡老人和联系户家庭和个人工作生活发生重大变故、联系户有关建议意见、居民发生邻里纠纷、发生安全隐患、发现不稳定因素"六必访六必报",有效发挥了网格化管理在社会治理中的重要作用。

2. 运用现代科技在党建过程中全面体现"智慧化服务"

创设网上支部,让"传统党建"迈向"智慧党建"。社区开发了集宣传教育、管理服务、互动交流于一体,电脑、手机2个终端承载的"智慧党建"平台,创设指尖课堂,组织广大党员开展"点单式"自主学习,随时随地获取各类知识,实现了党员学习教育常态化。把支部建在网上,推动组织生活线下与线上优势互补,流动党员不管走到哪里,都能与社区党组织在线联系,远程参与网上组织生活,随时互动交流,发表意见建议,参与调查评议,履行党员义务,行使党员权利。开展网上办事,广大党员可通过智慧党建平台,网上办理党费缴纳、转接组织关系等相关事宜,极大地节省了人力物力。

建设智慧社区,让"信息跑路"替代"群众跑腿"。建立"红旗社区一站到底"网络服务平台,将居民养老、就业、社保等10大类100多项公共服务和社会管理事项,全部录入社区信息管理系统,群众只凭一张身份证即可在自助服务终端办理所需事项,自动生成各类证明表册。开通便民服务热线、短信群发线、社区网络沟通线3条信息渠道,让群众与社区联系互动不再"限时、限地、限人",社区党总支月均受理服务事项比原来增加了4倍,群众满意度高达99.5%。建立党群服务站、志愿者服务站、小区服务代办站,将以前传统一厅式办公解放出的人员,下沉网格一线,每天不间断深入网格开展巡查,及时发现问题,并将情况上报智慧管理平台,重大事件第一时间向街道办事处上报,真正把各类问题化解在萌芽状态,达到了重大舆情信息不搁置、小事化解不出网格、大事不出区的目的。

注重智能应用,让"社区管家"变得"聪明精准"。在加强社区党务管理方面,通过智慧党建大数据平台,精准查询党员详细信息、流动党员流出情况,对党员队伍建设状况进行智能化统计、分析和研判;对组织生活尤其是"三会一课"制度落实、在职党员进社区服务等情况网上记录、查询、统计、分析与监管，实现了线上和线下的融合管理。在加强居务管理方面，社区党总支通过智慧社区大数据平台，精准对辖区居民的综合信息智慧化查询、统计和分析，哪个小区住了多少户多少人、哪些人员达到了享受高龄补贴标准、哪些居民医保还未交纳等情况一目了然、精准高效。同时，社区党总支充分利用信息化平台，实时查询社区工作者、网格员工作情况，实现了智慧管理。在加强辖区综合治理方面，社区党总支链入了治安、交通等智能监控系统，实时对辖区治安消防、道路交通、环境保护等实施监控，变过去人防为技防，全面提升了社区管理的智慧化水平。

3. 通过党建引领，整合各方力量实行"联动式共建"

搭建"党建联盟"，构建基层治理"共同体"。社区党总支建立了以党建联席会议为纽带的社区党建联盟，坚持每月召开一次会议，共议同商社区发展。在党建联盟的推动下，各驻区单位、社会组织主动承担强化城市党建、创新社会治理、推动区域发展的责任，先后有32家驻区单位与社区签订了共驻共建协议，落实共建项目14个，促成了一批驻区单位文化体育等活动场所和设施免费向社区居民开放，弥补了社区公共服务资源短缺的不足，凝聚了社区，实现了党组织有号召、驻区单位和各类社会组织有行动、全社会参与基层治理的合力。

强化"组织引领"，打造社会组织"孵化器"。社区相继建立了老年大学、琴棋书画室、志愿者服务站等群众活动和居家养老服务场所，为41个3000多人的社会组织和29支1600多名党员志愿服务队伍经常性开展活动提供了场地，搭建了舞台。社区党总支指导各类社会组织建立健全活动章程，列出170余项让其认领的群众需求清单，定期开展邻里纠纷调解、治安巡逻、帮扶济困、助学助残、关爱孤寡老人等活动，为居民提供"从摇篮到轮椅"的保姆式服务。按照业缘、趣缘、地缘等要素，广泛组建医疗救助、物业服务、家政服务等社会组织，引导他们无偿或低偿为居民服务，有序参与基层治理，真正实现了党旗在社区飘起来、党组织的威信树起来、为民服务的口号实起来、党员像一盏明灯在居民心中亮起来的目标。

开展"共驻共建"，共创和谐幸福"新家园"。针对辖区下岗职工多、环境卫生差、人口密度大、城市设施老旧等实际情形，社区党总支把解决下岗职工就业、改善居住环境、提升居民幸福指数作为基层治理的着力点，千方百计争取人社、工会、妇联等部门支持，创办了"4050"平价餐馆、社区家政服务等5家经济实体，帮助1600多名下岗失业人员解决了就业难题，基本消除了零就业家庭。结合"四创"工作，社区党总支广泛组织开展"社区是我家、美化靠大家"等主题活动，引导驻区单位积极参与社区环境整治，先后协调住建、交通等有关部门，对6条背街小巷实施了道路硬化，修建公厕16座，很大程度上解决了部分居民出行、如厕等难题。社区党总支注重发挥驻区单位和社会组织的优势，动员各方出资出力、建言献策，共同参与精神文明创建，每逢重大节庆日组织开展丰富多彩、健康有益的文体活动，丰富居民文化生活，引领健康向上的社区文化新风尚，增强居民对社区的认同感、归属感和荣誉感。

| 基层社会治理体系和治理能力现代化

❖ 王益区统计局开展"不忘初心 牢记使命"主题教育活动

三、启 示

第一，强化基层社会治理，党建领航是根本。矢志不渝加强党的建设，强化社区党组织的核心引领作用，创新开展党员"承诺制"、无职党员设岗定责等活动，把辖区各类党员紧紧凝聚在"红旗"下，吸引在党组织周围，增强了党组织的向心力、凝聚力。大力培育发展壮大社会组织，引导他们参与社区治理，定期开展便民为民服务，以社区党组织这一"大齿轮"驱动社会组织"小齿轮"，凝聚起党建领航、优化服务、促进和谐、推动发展的合力。

第二，强化基层社会治理，贴心为民是中心。视群众如亲人，始终把群众的大事小事放在心上，把提升群众的获得感、幸福感、安全感作为价值取向，顺应时代发展和人民群众对美好生活的向往，不断创新工作方式方法，为群众提供常态化保姆式服务，团结了群众，凝聚了人心，为深入践行群众路线、巩固党的执政地位打牢了根基。

第三，强化基层社会治理，持续创新是动力。顺应新形势，贯彻新要求，破解新难题。从"1168"服务热线到"3+3+X"服务，从"网格化大联动"到"一机揽尽、全网解决"，每一步都体现出改革创新精神，每一步都紧跟时代前进步伐，使创新真正成为提升社区治理水平的第一动力。

第四，强化基层社会治理，"头雁"引领是关键。社区党总支书记李秋莲同志十多年如一日，任劳任怨，始终坚持以精细化服务为中心，以构建居民幸福生活共同体为目标，探索出了独具红旗特色的党建工作新路径，为城市基层党建提供了"红旗样本"。正是由于"头雁"的引领作用，才创出了社区治理上具有普遍推广意义的红旗作风、红旗团队等金字招牌。

第五，强化基层社会治理，多方联动是保障。区委、区政府结合辖区城市人口多的实际，把城市社区建设作为大力推进基层社会治理的重中之重，把党的建设贯穿基层社会治理的各方面和全过程，不断增强城市基层党建整体效应，并将"红旗模式"作为大抓城市基层党建的源动力，持续放大典型"乘数效应"，形成了全区域统筹、网格化管理、智慧化服务、多方面联动、各领域融合的城市基层党建新格局，走出了一条符合中小城市特点和规律的城市基层党建新路径，为加快实现基层治理体系和治理能力现代化注入了生机与活力。

基层社会治理体系和治理能力现代化

点 评

铜川市王益区城市社区治理的"红旗模式",融合了城市社区"党建引领""智慧社区"和"网格化治理"等诸多要素,探索形成了基层社会治理综合创新模式。在这一治理模式下,红旗社区的党支部书记、流动支部、优秀党员发挥了模范带头作用;基层政府在智慧社区方面发挥了财政倾斜、科学引导职能;社区群众积极参与、志愿服务,齐心协力,共同推动形成"共建、共治和共享"治理格局。智慧社区、数据信息共建、共享,有效实现了城市社区的"共治"效益,真正体现了红旗的"旗帜效益"和示范引领作用。

思考题

1. 基层社会治理中全面加强党的建设的意义和作用何在?
2. "红旗模式"对基层社会治理的启示是什么?

延安市宝塔区"十个没有"社会治理创新发展理念

延安是中国革命圣地,红色革命传统资源丰富。为了传承红色基因,弘扬延安精神,将革命传统、历史经验和当代社会治理有效结合起来,创新社会治理的形式与内容,延安市宝塔区委、区政府践行时代精神,以平安宝塔创建为载体,深化"十大平安"创建,传承弘扬延安红色基因,提出了新时代"实现'十个没有'目标"。

一、背 景

延安时期,毛泽东同志提出了社会治理"十个没有",指导了当时革命根据地的社会治理工作。新时代赋予"十个没有"新内涵,进一步深化各行业、各区域平安创建活动,全面提升社会治理水平,以"细胞创安"促进"社会全局平安",为建设"五位一体"新宝塔创造了和谐稳定的社会环境。

"十个没有"是毛泽东同志为陕甘宁边区政府提出的管理目标。陕甘宁边区革命根据地在党中央的直接领导下,积极开展社会治理创新,实行了一系列大刀阔斧的改革和专项治理,重拳打击了吸毒、贩毒、"二流子"、盗贼、土豪劣绅等侵害公共利益的不法分子,积极倡导开展体育锻炼,开办各类学校,开展新生活运动，摒弃了旧社会封建主义的各种毒瘤，社会治安显著好转，基本做到了夜不闭户、路不拾遗，成为全国进步青年向往的红色圣地。1940年2月1日，毛泽东同志在延安民众讨汪大会上颇为自豪地说："这里（延安）一没有贪官污吏，二没有土豪劣绅，三没有赌博，四没有娼妓，五没有小老婆，六没有叫花子，七没有结党营私之徒，八没有萎靡不振之气，九没有人吃摩擦饭，十没有人发国难财。"1940年5月，毛泽东同志会晤华侨领袖陈嘉庚时重申了这"十个没有"。

学习继承延安时期社会治理的宝贵经验，2016年3月，省委常委、延安市委书记徐新荣提出，全市党员干部学习借鉴党在延安时期社会治理的成功经验，提升新时期延安社会治理的能力和水平。宝塔区委、区政府勇担使命，开拓创新，以平安宝塔创建为载体，率先决定在全区开展"深化'十大平安'创建，实现'十个没有'目标"活动，消除侵害群众利益、破坏社会和谐稳定的各类违法犯罪活动，建立社会治理新格局。

二、做 法

1. 明确任务是"十个没有"平安建设的目标前提

宝塔区将"平安创建工作"细化分解，并拓展延伸到多个部门、多个行业、多个区域，赋予了"十个没有"新内涵。

一是创建"平安校园"：没有食品安全问题、没有消防安全隐患、没有师生伤害行为、没有打架斗殴行为、没有学法普法盲点、没有监控视频缺位、没有无关人员出入、没有非法经营门店、没有流动商贩摊点、没有环境脏乱现象。

二是创建"平安网吧":没有消防安全隐患、没有治安刑事案件、没有监控视频盲区、没有吸烟噪音污染、没有无证违规经营、没有食品安全问题、没有传播违法信息、没有未成年人上网、没有不按规定登记、没有超时经营现象。

三是创建"平安商场":没有绺窃盗窃、没有消防隐患、没有监控盲点、没有价格欺诈、没有虚假广告、没有合同欺诈、没有不当竞争、没有歧视顾客、没有假冒伪劣、没有电梯事故。

四是创建"平安医院":没有食品安全问题、没有消防隐患、没有绺窃盗窃、没有医疗事故、没有过度医疗、没有环境污染、没有医药推销、没有问题药械、没有歧视患者、没有红包回扣。

五是创建"平安景区":没有消防隐患、没有重大投诉、没有绺窃盗窃、没有寻衅滋事、没有无证导游、没有言行侮辱、没有强买强卖、没有欺诈消费、没有乱刻乱画、没有环境脏乱。

六是创建"平安酒店":没有安全隐患、没有食品安全问题、没有盗窃案件、没有涉赌涉毒、没有打架斗殴、没有"三防"缺位、没有招嫖拉客、没有欺客宰客、没有违规登记、没有环境脏乱。

七是创建"平安市场":没有绺窃盗窃、没有打架斗殴、没有消防隐患、没有矛盾激化、没有假冒伪劣、没有缺斤少两、没有欺行霸市、没有消费欺诈、没有不当竞争、没有占道经营。

八是创建"平安家庭":没有吸食毒品、没有参与邪教、没有违法乱纪、没有家庭暴力、没有奢侈浪费、没有虐待老幼、没有参与赌博、没有邻里矛盾、没有封建迷信、没有环境脏乱。

九是创建"平安社区":没有群体事件、没有消防隐患、没有刑事案件、没有"三防"缺位、没有邻里纠纷、没有干警缺位、没有乱搭乱建、没有环境脏乱、没有非法活动、没有乱停乱放。

十是创建"平安村组":没有村匪村霸、没有违法乱纪、没有不孝不敬、没有非法上访、没有家庭暴力、没有破坏环境、没有涉毒涉赌、没有安全事故、没有封建迷信、没有邪教传播。

2. 健全机制是实现"十个没有"平安建设的根本保障

一是建立健全信息报送机制。各创建责任单位将本辖区、本行业的平安创建工作的经验、亮点、动态每周上报,综治办通过筛选印发全区学习借鉴、交流提升。建立了"平安宝塔"微信群,及时上报工作动态、交流创建经验,有力提升了信息交流的时效性,助推了创建活动快速推进。

二是建立健全督导检查机制。将"十个没有"创建工作纳入区委、区政府重点工作,实行分级督导制度,区委、区政府主要领导、分管领导"抓面",牵头部门"抓线",责任单位"抓点",不间断进行督促检查,及时发现问题及时整改,有力促进了活动的开展。

三是建立健全考评考核机制,实行"一票否决"。区委、区政府将"十个没有"平安建设活动作为相关责任单位年度考核加分项,制定了6大项、19小项的百分制考核内容,低于80分给予"一票否决",充分调动了各部门的工作积极性。

四是建立健全干部包抓机制。抽调业务能力强的干部,分别包抓1至2个行业(区域),具体指导创建工作,协调解决创建问题。

五是建立健全部门联动机制。区综治委制定了各部门相互配合的联动机构,在涉及食品安全、消防隐患、治安刑事案件等问题时,公安、食药监、消防等相关部门确保领导不缺位,每周一名领导轮流值班,随时应对突发事件。

六是建立健全"公开承诺制"。相关部门人员对职责范围内的事项进行工作认领,面向群众公开承诺,年底邀请群众进行述职评议,对群众满意的进行表彰,对群众不满意的给予组织处理。

❖ 延安市宝塔区实验中学"十个没有"校园主题班会

3. 强基固本是实现"十个没有"平安建设创建的重要举措

大力推进社会治安防控体系建设,通过社会面的防控措施助推行业平安创建。强化严打整治,在全区范围内开展了为期3个月的社会治安集中整治,重点对"两抢一盗"、严重危害社会治安的各类违法犯罪行为进行严厉打击。强化群防群治,建立了由公安民警、内保机构人员、治安积极分子为主体的"三级巡防机制",在重点时段和部位进行不间断巡防,有效降低了发案率。强化技防措施，大力推进视频监控系统升级补盲，全部更换为高清视频探头，共更换安装高清视频探头1192个，已形成视频监控在主干道和重点地域全覆盖、减少背街小巷监控死角、向山体沿线和农村合理延伸的良好态势。各乡镇、街道每半月、村组（社区）每周进行一次矛盾纠纷排查，村组、社区每日上报重大综治维稳信息，做到快速反应、及时处置，切实将矛盾纠纷化解在萌芽，就地解决。

4. 示范引领是实现"十个没有"平安建设创建的有效手段

坚持"以点带面、示范引领、整体推进"的工作思路，在各行各业打造了一批示范点，形成了一套完善的创建工作机制，旨在全面推广并取得显著成效。目前，全区已有20个酒店、21所医院、15个商场、259所学校、20个市场、30个网吧、5个景区、38个社区、320个行政村参与"十个没有"平安建设活动，参与人数达到30余万人，占全区总人口的75%以上。各创建示范点充分发挥主观能动性，结合自身实际，打造出了一批具有特色的平安创建典型，区妇保院的"三亮三比三评"、枣园宾馆的"6S"管理模式、冯庄乡的"十个倡导、十个严禁、十个没有"、杜甫川社区的"五队四进三评"、兰家坪社区的"四抓四强"等新做法，形式新颖，内容完整。例如，"三亮三比三评"通过亮身份、亮形象、亮承诺，接受群众广泛监督，勤勉履职；通过比技能、比作风、比业绩，增强社区干部干事创业的积极性，促进整体性提高；通过职工评议、党员互评、领导点评，扬长避短，相互学习，共同进步。各行各业积极作为、勇于创新，为顺利完成"十个没有"平安建设创建目标任务提供了借鉴、筑牢了根基。

三、启 示

延安市宝塔区开展的"弘扬延安革命传统,创建圣地十个没有"活动是对毛泽东同志在延安时提出的延安社会治理"十个没有"精神在新时期的传承和发扬,是创新社会治安综合治理工作的举措,是践行"两学一做"学习教育的生动实践,对创新基层社会治理有着巨大的启发意义。

第一,红色基因传承与基层社会治理创新可以有机结合。历史文化资源、传统经验、红色基因是社会治理创新的宝贵思想资源,延安市宝塔区正是在挖掘红色基因传承、弘扬延安精神的基础上提出了"十个没有",将其与"平安建设"有机结合,创新了基层社会治理的内容和形式。

第二,人民群众的时代需求是基层社会治理创新的内在动力。以历史文化资源的名义创新,必须将人民群众的时代需求一以贯之,否则就会与时代脱节。延安宝塔区巧妙地将毛泽东同志提出的"十个没有"转化为新时代的"十个没有",转化为行业管理、政府职能部门管理的目标,满足了人民群众对美好生活的时代需求,实现了基层社会治理内容和形式的同步创新。

第三,党组织领导是根本,是"牵头抓总"的组织保障。在共建、共治、共享的社会管理格局中,党组织领导是根本,政府负责是关键,社会协同是依托,公众参与是基础,这是一个统筹协调的有机组织过程,党组织的领导工作就是"牵头抓总"。延安市宝塔区以"十个没有"为统领的建设,涉及教育、市场管理、平安建设等10多个领域,其中延安市委、政法委在其中起到了至关重要的"统筹协调""部署考评"作用。正是有了"党的领导",

基层社会治理体系和治理能力现代化

行业内部以"党建引领",这项工作才得以顺利开展,取得成效。

点评

党的十九届四中全会提出,"加快推进市域社会治理现代化",党的十九届五中全会进一步强调,"加强和创新市域社会治理,推进市域社会治理现代化"。延安宝塔区"十个没有"是市域社会治理的创新实践和典型示范。党委、政府在充分挖掘优秀政治文化资源的基础上,赋予陕甘宁边区政府时期的政治理想绽放"时代色彩"。"十个没有"几乎覆盖了基层社会治理的主要方面,积极回应了新时代人民群众对社会治理的合理诉求,消除了侵害群众利益、破坏社会和谐稳定的隐患,并通过"整治"明确了基层社会治理创新发展的方向。此外,群众参与"十个没有"校园、商场、社区、景区等基本人居环境建设,真抓实干,也有效推动了"共建共治共享"的社会治理格局的形成。

思考题

1. 延安时期"十个没有"对社会治理的创新价值何在?
2. 新时代"十个没有"对社会治理的启示意义是什么?

延安市富县创新诉调对接的"富县模式"

完善人民调解、行政调解、司法调解等各类调解联动工作体系，构建源头防控、排查梳理、纠纷化解、应急处置的社会矛盾综合治理机制，这是党的十九届五中全会提出的要求。诉调对接是将诉讼与非诉讼解纷形式相衔接的纠纷化解机制，因其切合我国国情民情且颇具有效性而被关注和重视。陕西省富县人民法院通过"群众说事、法官说法"的便民联动机制，创新了诉调对接机制，形成了诉调对接的"富县模式"。

一、背 景

从 2003 年至今，最高人民法院或单独或与其他部门联合，发布一系列关于推动实现诉调对接的政策性文件，要求"充分发挥审判权的规范、引导和监督作用，完善诉讼与仲裁、行政调处、人民调解、商事调解、行业调解以及其他非诉讼纠纷解决方式之间的衔接机制""充分发挥人民法院、行政机关、社会组织、企事业单位以及其他各方面的力量，促进各种纠纷解决方式相互配合、相互协调和全面发展，做好诉讼与非诉讼渠道的相互衔接"，创新人民法院参与社会管理的方式、整合解决纠纷的各种力量，为人民群众提供更多可选择的纠纷解决渠道。我国诉调对接探索实践的成果目前已逐步制度化和法律化，体现在与诉讼活动相关的体制、机制、环节和程序等各方面。

诉调对接是人民法院借助社会力量来应对越来越多的诉讼纷争并有效解决社会矛盾纠纷所采取的应对之策。诉调对接的有效运行必须要坚持党的领导。只有在党的领导统筹下，诉讼与各种非诉讼形式衔接互动的格局才能形成并得以运行。诉调对接也离不开政府的大力支持。只有在政府的支持下，诉讼与人民调解、行政调解乃至社团组织之间衔接的机制才能构建起来并得以互动。诉调对接还需要各种社会力量的支持，如社会团体、社会组织、企事业单位、专家、群众的协助和配合。

延安市富县人民法院认真学习"枫桥经验"精神，于2012年10月推出了"群众说事、法官说法"便民联动机制，形成了诉调对接"枫桥经验"的"富县模式"。关于"群众说事、法官说法"便民联动机制，最高人民法院院长周强在富县法院调研时指出："'两说'机制效果很好，是把村民自治与法治手段、法治思维相结合，是准确把握县域治理特点、认真贯彻群众路线、实现司法便民利民的良好机制，是新形势下继承和发展马锡五审判方式的重要成果。"

二、做 法

1. 群众说事

群众说事，即围绕本村（社区）发生的纠纷，由村（社区）党支部或村委会组织，涉事群众参与，邀请联村干部及有经验、威信高的村民或老干部，共同向涉事群众讲政策、讲道理，劝解疏导，使问题得到解决。

"说事"可以是一事一说，也可在"说事日"集中说事。"说事"流程包括"说、理、议、办、评"五个环节：

一是畅通渠道"说事"。村（社区）采取"群众要求说、登门入户说、急事及时说、主动邀请说、填写卡片说"等形式，敞开大门，组织群众说事。

二是明确责任"理事"。收集到群众诉求后，能够当场解决的事情就当场解决；需"三委会"（村党支部、村委会、村监督委员会）或县、乡相关部门研究解决的，及时告知说事人。

三是集中民智"议事"。针对梳理归类的问题，召开议事会，鼓励群众畅所欲言，发挥"三委会"、联村干部、包村法官的合力，最终确定办理方案。

四是凝心聚力"办事"。对于议定的事项，按照"谁分管、谁负责、上下联动、整体配合"的原则落实责任人，明确办理措施，按时办结议定事项。

五是加强监督"评事"。事务办结后，及时向群众公示办理事项、办理时限、办理结果，接受群众监督和评议。

2. 法官说法

"法官说法"是在"群众说事"的基础上，遇到涉法问题，由包村法官采取六种"说法"形式，现场解决纠纷。

一是法制宣讲会上说。采取编发普法案例故事、举办法制讲座等多种方式，进村入户宣讲与基层群众生产生活息息相关的各类法律法规，教育引导基层群众自觉运用法治思维和法治方式处理问题。

二是法律咨询当面说。畅通民意沟通渠道，公布包村法官通

基层社会治理体系和治理能力现代化

信号码，通过约谈、打电话和手机短信等多种途径及时解答群众提出的法律问题，指导和帮助基层群众理性维权、依法维权。

三是行动不便上门说。对需要提供法律服务的特困群体（老、弱、病、残），法官主动上门，了解情况，帮助群众实现自身法律诉求。

四是见面不便电话说。群众有法律诉求时，因交通不便或法官有紧急公务等不便面谈时，法官在电话里问明事情原委，作出法律释明。

五是村民议事应邀说。在村民会议或村民代表会议行使自治权，讨论决定涉及村民利益的重大事项时，联村法官应村委会邀请列席会议，并就相关法律问题进行现场讲解，指导村民合情、合理、合法议事，促进基层组织依法自治。

❖ 富县人民法院巡回法庭法官向群众说法

六是调处纠纷现场说。帮助乡村干部排查化解矛盾纠纷，现场指导自治组织或人民调解组织调处纠纷，阐释法律规定，辨明是非，划清责任。

近年来，富县法院参与村民议事 801 次，现场"说法"调处纠纷 1630 件，通过和群众面对面说法和特邀调解员调解，化解纠纷 751 件，有效降低诉讼案件 20% 以上。

三、启　示

在我国，诉调对接的探索实践和制度构建有助于社会矛盾多元化解体系建设与社会的和谐稳定。诉调对接的"富县模式"对于调动村民参与村务管理的积极性和主动性、提升村民自治水平、增强广大群众法律意识和法治观念、合情、合理、合法地将矛盾化解在基层都具有重要意义。

第一，有效地化解了社会矛盾，维护社会的和谐稳定。随着我国社会主义法治建设的发展，司法在解决社会矛盾纠纷中的权威地位得以确立，对依法有效化解矛盾纠纷也发挥着主要和重要作用。然而，社会矛盾纠纷具有多样性和复杂性，尤其是我国社会目前正处于新旧体制或机制的转型时期，基于利益所产生的矛盾冲突有时更为激烈甚至对立。要应对这些社会矛盾纠纷，妥善处理各方利益关系，有效平息各种争端，维护社会和谐稳定，仅凭司法不能有效应对，必须充分调动各种非讼解纷资源，建立社会矛盾纠纷多元化解的体系和机制，从不同方面和层面有效、便捷、经济地化解社会矛盾纠纷，真正实现社会的和谐稳定。在"群众说事、法官说法"便民联动机制中，"群众说事"与"法官说法"密切结合，既使乡村治理依法进行，又使社会矛盾纠纷得到及时化解。

第二，缓解法院的办案压力，也能减轻老百姓的讼累。改革

基层社会治理体系和治理能力现代化

开放以来,伴随着我国社会经济的发展,人民对美好生活的向往与发展的不平衡不充分之间的矛盾日益突出。作为法治国家解决社会矛盾的主要方式,司法解纷面临着案件数量不断攀升与法院审力有限的矛盾,更何况,司法解纷虽然权威但并非总是有效且价格昂贵。诉调对接的"富县模式"可以将那些通过免费或便宜、简捷的非诉讼形式就能化解的矛盾纠纷分流出去,既缓解了司法压力,又能减轻老百姓解决矛盾纠纷成本。

第三,构建共建共治共享的社会治理格局。党的十九大提出要打造共建共治共享的社会治理格局,完善党委领导、政府负责、社会协同、公众参与、法治保障的社会治理体制。共建共治共享的社会治理格局不仅要求社会治理主体是多元的,而且要求治理方式由过去单向的转为多元主体之间的良性互动。作为社会治理的重要方面,社会矛盾纠纷多元化解体现了共建共治共享的社会治理格局的理念和要求,而诉调对接正是实现这种理念和要求的重要机制。在"群众说事、法官说法"便民联动机制中,通过法治宣传、提供法律咨询、帮助村干部排查化解矛盾纠纷、现场指导自治组织或人民调解组织调处纠纷、特邀调解员调解,及时对通过"两说"机制形成的调解协议给予司法确认,包村法官不仅实现了诉讼与调解在诉前、诉中与诉后的对接,也直接参与了司法与乡村治理的共融共建。

点 评

在我国从社会管理到社会治理的发展过程中,如何将诉讼与各种非诉讼形式有效地衔接起来,为人民群众提供更多可供选择的纠纷解决方式,维护社会和谐稳定并促进经济社会又好又快发展,是我们党领导人民长期不懈的探索实践。诉调对接作为诉讼与非诉讼相衔接的矛盾纠纷解决机制之一,因其切合我国国情民情,行之有效而被关注和重视,成为我国诉讼与非诉讼衔接的重要制度构建。在诉调对接的"富县模式"中,通过"群众说事,法官说法",社会资源、司法资源和党政资源得以整合,从而实现了"小事不出村、矛盾不上交"新时代"枫桥经验"的社会治理内涵。

思考题

1. 请结合实践谈谈诉调对接与基层社会治理之间的关系。
2. 请结合"富县模式"谈谈诉调对接在新时代的创新发展。

全省干部专业化能力培训教材编审委员会

主　任　郭文超　省干教办副主任、省委组织部一级巡视员
成　员　马　亮　省委组织部干部教育处处长
　　　　　　王　雄　西北农林科技大学继续教育学院院长
　　　　　　刘晓军　省发改委二级巡视员
　　　　　　孙　早　西安交通大学经济与金融学院院长、教授
　　　　　　曹胜高　陕西师范大学文学院教授
　　　　　　顾建光　上海交通大学国际与公共事务学院教授
　　　　　　张茂泽　西北大学中国思想文化研究所教授

《基层社会治理体系和治理能力现代化》

主　编　汪世荣　郭武军
副主编　朱继萍　李集合
成　员　李　燕　侯学华　褚宸舸　冯卫国　蔡　珺
　　　　陈善平　杨　静　余钊飞　薛永毅　董青梅
　　　　杜　瑾

图书在版编目（CIP）数据

基层社会治理体系和治理能力现代化／中共陕西省委组织部组织编写．--西安：西北大学出版社，2021.1

ISBN 978－7－5604－4641－7

Ⅰ．①基… Ⅱ．①中… Ⅲ．①社会治理—研究—中国 Ⅳ．①D63

中国版本图书馆 CIP 数据核字（2020）第 231408 号

责任编辑　褚骊英
装帧设计　泽　海

基层社会治理体系和治理能力现代化
JICENG SHEHUI ZHILI TIXI HE ZHILI NENGLI XIANDAIHUA

中共陕西省委组织部组织编写

主　　编　汪世荣　郭武军

出版发行	西北大学出版社	
地　　址	西安市太白北路 229 号　　邮　编　710069	
网　　址	http：//nwupress.nwu.edu.cn　E－mail　xdpress@nwu.edu.cn	
电　　话	029-88303059	
经　　销	全国新华书店	
印　　装	陕西隆昌印刷有限公司	
开　　本	710 毫米×1020 毫米　1/16	
印　　张	12	
字　　数	140 千字	
版　　次	2021 年 1 月第 1 版　2023 年 8 月第 4 次印刷	
书　　号	ISBN 978－7－5604－4641－7	
定　　价	36.00 元	

如有印装质量问题，请与本社联系调换，电话 029－88302966。